岩堀美雪のお母さん教室

岩堀美雪

致知出版社

はじめに

あなたは、十分がんばっています！

もしかすると、
誰からもそんなこと言われてないかもしれません。
でも、お子さんが今生きているのはあなたががんばっているから。
誰にも認められなくても褒められなくても、二十四時間昼も夜も一所懸命子育てをしているから。
だから、私は、何度でも言います。

「あなたは、十分がんばっています！」

この本は、そんながんばっているあなたのために書きました。

「子育ては大変。だけど、すごく楽しい」

そう言って笑顔が輝くお母さんになってもらいたいのです。

ですので、どのようにすればよいのかを経験を交えて具体的に書きました。私自身の子育て（女の子一人、男の子一人）と、三十一年間の小学校教師生活、約七万人以上の方々に向けて講演や講座を行ってきた経験から、どうしても伝えたいことを選びました。

あれほど待ち望んでいた我が子。生まれた時、涙が溢れました。身体中がうれしさと希望に満ち溢れていました。楽しい子育てが始まるはずでした……。

もし、子どもが生まれたら、気持ちの優しい子にとか、スポーツを習わせたい、毎日楽しく子育てしたい、いっぱい遊びたい、言うことを聞く子になってほしいとか思ったことはありませんか？

きっとあなたを含め多くのお母さん方がそう思っていらっしゃると思います。苦しい子育て、子どもは大人になってどんな人になってもいい、親がいなくなって困ってもいいなんて思っているお母さんは一人もいません。

しかし、現実はどうでしょうか？

忙しい毎日にうんざりしていませんか？

こんなはずじゃなかったとイライラしていませんか？

生まれた時はあんなに可愛く思えたのにと思っていませんか？

やることが膨大過ぎて何が一番大事か分からなくなっていませんか？

子育てが苦痛になっていませんか？

仕事も苦痛になっていませんか？


私も同じでした。

しかし、今から二十年前、当時勤めていた小学校である方法（宝物ファイルプログラム）を開発して始めたら、自分自身もたくさん気づかされて、子育てが楽しくなりました。気が楽になりました。

保護者の皆さんからも、

「子どもが親に反抗しなくなりました！」

「子育てが百八十度変わりました！」

とうれしい言葉をいただくようになりました。

キーワードは「自己肯定感」です。

私の講演を聞きたい、実際に講座を体験したいという方も増えてきて、現在では参加者は七万人を超えています。

その後私は、心理学や脳科学をさらに学びたい、自分が始めた手法の効果を検証して論文にしたいと思い、大阪大学大学院連合小児発達学研究科後期博士課程に入学しました。

この本は、あなたの子育てが少しでも楽しくなるようにとの願いを込めて書きました。大学院で学んだ脳科学や心理学、世界の研究論文等から解明されてきた事もお伝えします。

私が二十年前から実践してきた方法「宝物ファイルプログラム」についても詳しくお伝えします。あなたのお子さんの自己肯定感が高くなる具体的な方法です。

子どもを産み、育てることは、振り返れば、あっという間の出来事かもしれません。でも、当の本人にとっては本当に大変です。

その大変な子育てが、ほんのちょっとしたことで楽しくなります。この本は、いつもいつもがんばっているあなたに捧げます。この本があなたの子育てのお役に立ちますように……。

岩堀美雪のお母さん教室＊目次

第二章　子育てにとって一番大切なこと

第三章　子どもたちの自己肯定感を高める宝物ファイルプログラム

第四章　宝物ファイルプログラムを実行しましょう

装　幀――川上奈々
装画・挿画――松原輝衣

第一章

子育ては疲れるしイライラする

◉生まれるまでも大変　授かって喜んだものの……

ヤフージャパンのサイトで、「子育て」と検索してみました。

するとその下に、よく検索されているワードが出てきます。

で、その四番目と五番目が、

「子育て　疲れる」

「子育て　イライラが止まらない」

だったんです。

私は思わず、

「その通りぃっ‼」

と心の中で叫びました。

子育てって、ホントに疲れるんですよ。イライラするんですよ。


まず、赤ちゃんがお腹にいる時から大変です。私も子どもを産みました。女の子と男の子と一人ずつ。私の場合は、「つわり」が大変でしたね。一人目は大変でも二人目は楽になるという人もいましたが、二人ともきつかったです。

今まで好きだったものも全然受け付けなくなります。

大好きだった納豆もダメ、お味噌汁もダメ。

何を食べても吐き気がおさまらず、歯磨きの時の歯ブラシでも吐き気を催していました。とうとう人が食べているのを見ているだけでも吐いてしまって……。

二人目の時は、切迫流産で入院しました。つわりは一人目よりもさらにきつく、食べた物は全部吐いてしまうので、毎日点滴をしていました。腕時計がひじの近くまで上がるくらい痩せて、髪もバサバサ抜けました。入院の途中で、前置胎盤で大出血しました。二か月間はベッドの上に寝たきりの生活でした。

あの、寝ている間は常に吐き気との闘いという期間は、今思い出しても辛かったですね。

つわりは六か月目くらいから徐々におさまってきましたので、それはありがたかったのですが、中には産むまでつわりがあるという方もいるとのこと。本当に辛いだろうと思います。

つわりがおさまって喜んだのも束の間。今度はお腹の中で子どもが逆子になっていたので逆子体操。

長女の時はそれでなおったのですが下の子（長男）の時は体操でなおらなかったので、病院の先生が八か月の検診の時に、

「回しましょう」

と言って、時間をかけて少しずつ少しずつお腹の中の赤ちゃんを回してくださいました。

他にも、塩分を控えているつもりなのに足がむくんで、指で膝の下の方を押すと指の跡がついて押しても戻らなくなり、先生から、「塩分控えめ、体重増加に気をつけてください」と注意されたり。

まあ、色々なことがありました。

産む時は産む時でこれまたけっこう大変で。

夜中の二十三時に陣痛が始まったので病院へ行き、生まれたのは次の日の午後三時でした。お昼時も陣痛の痛みと闘っていましたからお昼ご飯は食べないままで。

もう少しで生まれるという時、この世のものとも思えない痛みに気絶しそうになり、看護師さんから、

「しっかり！」

と励まされながらなんとか無事出産。

と、私の場合はこんな具合でした。

初めての子が生まれたことがうれしくてうれしくて、気持ちはとてもハイになっていました。ですので、ストレッチャーで運ばれてベッドに寝かされた時は、やりきったという充実感で元気がみなぎっていました。

でも、トイレに行こうと立ち上がったら、目の前がぐわぁーんと回って……。うまく歩けませんでした。貧血でした。

心は元気でしたが、子どもを産んだばかりの身体はかなり疲れていたのです。本当に出産は大変でした。

◉生まれてからも大変　生まれた時の喜びも束の間で……

子どもがお腹にいる時は、色々と妄想していました。

可愛い洋服を着せてあげたいな〜。

将来は一緒に買い物に行ったら楽しいだろうな〜。

スポーツを習わせてあげたいな〜、例えばテニスとか。どんどん上手になって、プロになってウィンブルドンに出るようになったら家族席に座れるかなぁ、とか。

妄想はどんどん膨らんでいき、それは、それは、楽しい時間でした。

生まれた時も感激して本当に幸せいっぱいでした。つわりも産む時も辛かったのですが、生まれてきた我が子を見ると、可愛くて、辛さを忘れるくらいでした。

でも、その後の育児はといいますと、なかなか思い通りにはいきません。初めてのことばかりなので、必死だし、おろおろするし、悩んでばかりでした。

例えば、こんなことが起きてきます……。

・夜中の二～三時間おきの授乳
・夜泣き→あやす→泣き止まない→あやす→やっと静かになる→ベッドにそっと寝かせる→途端にまた泣く→絶望的になりながらあやす→睡眠不足
・やっと飲ませた母乳やミルク吐く。すぐに吐く。全部吐く
・熱を出す。三十九℃超える
・下痢をする。時には入院する
・転んで怪我をする
・おむつ替え、うんちの後始末毎日
・離乳食作る→思うように食べない

・あっという間に過ぎる育児休暇
・保育園の準備　着替え、布団、タオル、水筒
・毎日通園、朝は戦争&修羅場&子ども泣く
・朝食の準備&好き嫌いが出てきて食べさせるのに一苦労↓後片付け
・毎日買い物↓夜の食事の準備↓後片付け
・半端じゃない洗濯の量
・お風呂毎日入れる
・寝かしつけ↓子ども泣く↓すぐ寝ない
・休日に限って朝早く起きる子ども
・保育園でインフルエンザが流行↓我が子インフルエンザにかかる↓
　親もインフルエンザにかかる
・子どもの洋服買い替えないと次のシーズン何もない
・靴もすぐに小さくなる、長靴もいる
・朝急いでいる時に限って子どもがぐずる
・気づいたら自分の時間がない
・気づいたら自分の服を買っていない

・絵本をたくさん買ったのに二、三冊のお気に入りの本にしか興味を示さない
・いやいや期がなかなか終わらず先が見えない→よその子もこんなに大変なのかと気になる
・言葉が遅いんじゃないかと気になる
・オムツ離れが遅いんじゃないかと気になる
・気づいたら子どもに「もうっ、そんなことしないのっ！」と強い口調で言っている
・気づいたら子どもに「なんでいやいやばっかり言ってるのっ！　お母さんもいやいやって言うよ」と強い口調で言っている
・子どもにきつく言っている自分が嫌になる

と、思いつくだけでもこんなことが起きます。

小学校に入学して少しは楽になるかと思いきや、宿題させる、なかなか言うことを聞かなくなる、旗振り当番割り当てがくる、地域の母親クラブの役員が回ってくるなどなど。

これでもかというくらい次々に出てきます。

これで疲れたりイライラしたりしない方がすごくないですか？
もう一度言います。
これで疲れたりイライラしたりしないですか？
イライラを抱えながらもお母さんは一日も休まずがんばっています。
子どもの笑顔や子どもの寝顔は可愛い。文句なく可愛い。
全部の苦労が吹き飛ぶほど可愛い。
だからがんばれる。これってすごいことです。

◉「泣かない子のほうが心配」のひと言に救われて

保育園に子どもを預けて働きだすと、朝は忙しい。おむつや着替えは前日から用意しておいたとしても、自分のことだけでも精一杯なのに、子どもに朝ご飯を食べさせ、体温を測り、食べた食事内容を記入し、着替えさせて、靴を履かせて車に乗せて、保育園の荷物とともにいざ出発。と、こんな感じです。

上の子の子育ては、ちょうど育児休暇が一年間に伸びた時でした。七月二十一日に生まれたため、一年間休みを取って復帰すれば、夏休みからの勤務でした。夏休みといっても、研修会や水泳指導や秋の体育大会の準備などで忙しいのですが、それでも授業はないので五時の定時には帰ることができます。初めての子育てと仕事の両立にはもってこいだと思いました。

しかし、新学期は四月一日から。その時に育児休暇を取って休んでいる教員がいると非常勤講師を探さないといけないので、学校側には迷惑がかかります。職員室の先輩の方々からも、「一年間も休みは取らないよね」「四月一日からは出てくるよね」なんて言われた時代でした。八か月の子どもを保育園に預けて、仕事に復帰しました。

仕事と子育てに無我夢中でした。初めてのことだらけでしたが、それでも最初の頃はまだ順調でした。朝、保育園に連れて行くと、先生に抱っこしてもらいながら娘はにこにこしていました。ところが、一歳半年くらいになった頃でしょうか。娘が保育園に行くのを嫌がって毎日泣くようになったのです。

朝はただでさえ忙しい。その上、子どもは泣いている。仕事に遅れるわけにはいかない。泣いて嫌がる娘をひっ捕まえるようにして車に乗せ、保育園に着くと、車のシートから引きはがすようにして車から降ろし、先生に預けます。その間、娘は大声で泣きわめいています。こちらも、

「お願いしますっ」

と言って、耳をふさぐようにして、泣きながら仕事に行きました。子も泣き、親も泣きの辛い状態でした。毎日、毎日、そんな日が続きました。

そんな時、

「毎日、毎日うちの子が泣いてばかりいてすみません」

と保育園の先生に謝りました。すると、先生が、

「お母さんとの別れが悲しくて泣くのは普通のことですよ。順調に育っている証拠ですよ。むしろ、泣かない方が心配です」

と言ってくださいました。その言葉は、本当にありがたくて、救われました。今でも感謝しています。

◉「忘れ物をしてくる子」への見方ががらっと変わる

私は、三十一年間小学校の教師をしていました。

その中で、子どもを産む前と産んで保育園に預けて仕事に復帰してからとで、担任している子どもたちへの見方が、がらっと変わったことがあります。

それは、「忘れ物をしてくる子」に関してです。

私「明日は図工があるから絵の具を持ってきてね」

子ども「はーい」

翌朝
子ども「先生、絵の具忘れました」

私「えーっ、昨日あれだけ言ったでしょ。連絡帳にも書いたよね」

子ども「はい……」

私は、心の中で、あれだけ昨日念を押したのに、なんで忘れたの？と思っていました。他の忘れ物をする子に対しても同じように思っていました。

しかし、自分の子どもを保育園に預けて仕事に復帰し、子育てしながら働くようになると、

「忘れ物をしてこない子って、なんてすばらしいんだろう」

と思うようになりました。もう、尊敬、尊敬です。

忘れ物がないなんてすごい！

ちなみに、忘れ物に関する私の失敗談を一つ。あれは上の娘が保育園の年長組の頃でした。

仕事を終えて保育園に迎えに行き、買い物をして家に戻ると、娘が何やら寂しげな顔をして私の方を見上げています。

私「どうしたの？」

娘「お母さん、今日、お弁当の日やった」

え――――っ、オーマイガー（ムンクの叫び状態）。

私「ごめんね～。ほんと、ごめん」

お弁当の日をすっかり忘れていた私。保育園の先生がパンをくださったとのことでしたが、忘れ物にもほどがありますね。今思い出しても冷や汗が出ます。反省。

◉「一日くらい代わってよ！」……本当は代わってほしいわけじゃない

その時、私は心の中で叫びました。

「一日くらい代わってよ！」

「一日くらい代わってよ！」

「一日くらい代わってよ！」

その日は、仕事が終わって、保育園に子どもを迎えに行きました。急いで行ったつもりでもいつも最後でした。娘は先生とポツンと玄関で待っていました。私の顔を見ると笑顔になります。それから買い物に行きます。スーパーの中を小走りしながら、なるたけ早く買い物を済ませます。スーパーを後にします。雨の日なんかは大変です。傘を持たなければなりませんから。右手で娘を抱っこして、左手に傘と買い物袋を提げ、ふうふう言いながら家に帰った時、先に帰宅していた夫が言いました。

「ねえ、夕飯まだ？」

はあ？

「一日くらい代わってよ！」

という言葉を心の中で叫んだのはその時でした。

今振り返ると、「一日くらい代わってよ！」は、本気で代わってほしかったんじゃないと思います。

もし代わったとしても、今頃私がいなくて泣いてないかな、ちゃんとご飯食べてるかな、ちゃんと寝てるかな、なんて気になって気になって仕方がなかったと思うのです。

じゃあなんで、そんなことを思ったのか。それは、子育てが大変だと分かってほしかっただけなのです。

「大変だね」

「がんばってるね」

「いつもありがとう」

世のご主人方。一言でいいから、そう言ってあげてください。奥様はどれほどうれしいか。どれほど報われるか。ぜひぜひお願いします。そして、二〜三時間くらいでいいので、時には奥様を育児から解放してあげてください。

ちなみに、毎日の育児に疲れている私を助けてくれたのは、実家の母でした。

「子どもは預かってあげるから、少しはストレス発散しておいで」

と言って、休日に時々子守をしてくれました。ほんとに、ほんとにありがとう。

◉イライラを増長させていたこと

子育て中イライラしていたのですが、思い出すと、そのイライラを自分で増長させていました。例えば、こんなふうに……。

その1　よその子と比べて足りないとこ探し

小学校の学期末。通知表をお渡しする時に保護者の方々と個人懇談をします。その時、Aさんのお母さんは、

「もう、うちの子は本当に落ち着きがない子で。いつも走り回ってはうるさいんです。せめてBちゃんくらい物静かでおとなしかったらいいのにと思うんですよ」

一方、Bさんのお母さんは、

「もう、うちの子は、なんであんなにおとなしいんでしょうかね。いったい誰に似たのかしらと思うんですよ。せめて、Aちゃんくらい元気に走り回ってくれたらいいのに」

AさんにもBさんにもそれぞれいいところがあるのですが、どうしても他の子と比

べたり、無い物を探したりされていることが、とても残念でした。

「Aさんの元気がいいところは、とてもいいところですよ。おかげでクラスがあかるくなってます」

「Bさんの落ち着いているところはとてもいいところですよ。授業中もとても集中してますよ」

というふうにお話をしていました。

でも、じゃあ自分は？　と振り返ると、どうでしょう。我が子の場合はついつい比べていたのです。

大学時代から仲が良かった友人たちと同じ時期に出産しましたので、無意識のうちに、

「○○ちゃん、もうおむつがはずれたんだって。いいなあ。なんでうちの子はおそいのかな」

「○○ちゃんてもうひらがなが読めるらしいよ。すごいねぇ。それに比べてうちの子は……」

などなど、よその子が気になっていました。今思えば、それほど心配することもなかったのです。「うちの子遅れてるの？」「いつになったらできるの？」と不安を自分

でつくりだしていたのかもしれません。

その2　負の妄想スパイラルをつくっていた

例えば、おむつ外し一つにしても、
同じくらいの月例の子ができた
↓
うちの子はまだできない
↓
いったいいつになったらできるの？
↓
もしこのままずっとできなかったらどうしよう

と、そんな思考回路が出来上がっていました。

今、子育て真っ只中の娘には、

「そんなに心配しなくて大丈夫よ。おむつは遅かれ早かれみんな外れるから」

なんて余裕で言えるのですが、当時はそんな余裕は全くなかったですね。とにかく何か一つ心配事が起きると、思考は勝手にどんどん膨れ上がっていきました。
息子がゲームばかりしていた時は、こんな感じでした。

またゲームばかりしている
←こんなにゲームばかりしていると今に勉強が手に付かなくなる
←進学はあきらめないといけないかもしれない
←就職もできないかもしれない
←息子の将来は終わりだ

もうこうなると、妄想の域ですよね。負の妄想スパイラルです。しかし、子育て中は、それがどんどん膨らんでも気がつきませんでした。**負の妄想は早めに止めるのがストレスをためないコツ**ですね。

その3　我が子だから腹が立つ

腹が立つのですよ、我が子には。なぜかイライラして、なぜかとても意地悪になってしまうのですよ、我が子には。

担任している子が、休み時間などに、

「先生、この算数の文章問題分かりません」

と言って私のところに持ってきたとします。

「しまった。授業中にもう少し丁寧に指導しておけばよかった」

と誰に言われなくても心から反省する自分がいました。しかし、同じように娘が家で、

「お母さん、この算数の文章問題分からないから教えて」

と言って、持ってきたとします。

すると、口には出さないのですが、心の中で、

「えっ、こんな問題も分からないの」

と思ってしまうのです。人は、思っていることが顔に出てきますから、

「だから、言ってるでしょ。ここはね、そうじゃなくてね……」

とか、

「もう、そうじゃないってば」

とか、とにかくトゲトゲしちゃって。

そうなると娘も、

「もういいっ。お母さんなんかに聞かないから」

となって、最後は口喧嘩。あげくの果てに娘は怒って自分の部屋に行ってしまう。

その娘の後ろ姿を見ながら、「ああ、しまった。なんでもうちょっと優しく教えてあげられなかったのだろう」と反省していました。

心理学を学んだ今なら分かります。

なぜ、我が子には腹が立つのか。

人は、相手が自分の思うようにならなかった時に怒りを感じます。相手にこうしてほしいという思いが強いほど、怒りの度合いも高くなります。ですので、我が子に対する期待が大きければ大きいほど、我が子が期待と違った行動をした時に激しく怒ってしまうのです。

じゃあ、どうすればいいの？　というあなたに、一つ提案があります。**激しい怒りが湧いてきた時は、少しだけ立ち止まって考えてほしいのです。今、自分は何に一番**

怒っているのかと。

なぜそんなことを言うのかといいますと、以前こんな出来事があったからなのです。担任していた女の子が、他の子をいじめていました。それで、その子を呼んで注意をしました。その時彼女は泣いて謝り、「もうしません」と私と約束をしました。しばらくして、また同じようなことが起きました。私は、すごく腹が立ちました。「あの時、もうしませんって言ったよね。友達をいじめることは悪いことだって知ってるよね。なのにどうして」そう彼女をきつく叱ろうとした時、ふと、こんなふうに思いました。

「私は今何に一番腹を立てているの？」

それから、自分の心の中を覗いてみました。すると、「この間泣いてもうしませんと約束したのに、私との約束を破った」ことに自分が腹を立てていると分かりました。「よく考えてみると、あの時泣いて謝ったのはうそじゃない。本当にもうしませんという気持ちだったに違いない。私も信じた。だったら今度ももう一度彼女を信じればいいだけじゃないか」

そう思った時、なぜかそれまでの怒りは消えていました。代わりに口からでてきた言葉は、

「分かったよ。先生信じるわ。何回でも信じるわ」

でした。


あなたがもしお子さんに腹が立ったら、試しに、今自分は何に腹を立てているのかと、少しだけ立ち止まって心の中を覗いてみませんか。

もしかすると意外なことが見えてきて、怒りが少しおさまるかもしれませんよ。

その４　イライラして感情的になってしまった自分を責めていた

イライラして感情的になってしまった後って、なんだか後味が悪くて。

怒っている時は自分の怒りを止められなくて、ついきつい言葉を使ってしまっていました。

でも、少し時間が経って落ち着いてくると、次にやってくるのは後悔。

「なんであんなに腹が立ったんだろう」

「なんであんなふうに言っちゃったんだろう」

から、

「なんで優しい母親になれなかったんだろう」

となり、

「だめな母親ね」

と、最後はいつも自分を責めていました。

こんなふうに、

怒り
↓
暴言
↓
反省
↓
自分で自分を責めては落ち込む

を繰り返していました。

以上、思い出してみますと、自分でイライラを増長させたり、自分で自分を追い込んだりしていたことが分かります。

子育ては、体力的にも相当疲れます。身体が疲れると心も疲れてきます。その上、自分で追い込んでしまうと、ほんとにまいっちゃいますよね。

完璧な母親にならなくてもいいんです。怒りが湧いてきた時に百回のうちの一回でもいいので、少し立ち止まって深呼吸して、自分の心を落ち着けてみませんか。

◉あるお母さんのメッセージが気づかせてくれたこと

次は、そんな私が救われた出来事についてお話しします。

後で詳しくお伝えする「宝物ファイルプログラム」を始めた一年目の時のことです。担任していた学年は五年生でした。

二〇〇〇年のことですから、今から二十年も前のことなのに、あの日の朝の光景ははっきりと脳裏《のうり》に焼き付いています。

宝物ファイルプログラムでは、家族にお子さんのいいところを書いてもらうという

活動があります。私は、子どもたちに、

「おうちの人にみんなのいいところを書いてもらうから、好きなだけ便箋《びんせん》を持って帰ってね」

と言いました。

すると、二日後くらいだったでしょうか、ある男の子が、私のところに来て言いました。

「先生、お母さんが『便箋が足りないからもう二枚下さい』って言ってました」

「そう。はい、どうぞ」

次の日の朝、私が教室に行くと、彼が走ってきて、

「先生、これ、お母さんに書いてもらいました」

と言って、すごくうれしそうな顔をして、私に便箋を見せてくれました。

読んでみますと便箋五枚にびっしりとお母さんの文字で彼のいいところが十個書いてありました。一つ一つとても詳しく書いてあります。

「翔太（仮名）のいいところはたくさんあるけれども、まず一つ目は、いつまでもくよくよしない点です。言いかえれば、気持ちの切り替えをいい方向に早くできるところです。例えば、あることで、自分の思うようにいかなくて、その時はくやしくて泣

いたりがっくりきても、そのくやしさやがっくりきた気持ちを乗り越えて、早くに気持ちを切り替えられます。翔太にとってマイナスなことでもプラスに捉えようと気持ちを前向きにできるとも言えます。

これは、これから、中学生、高校生、大人になっていく上で、とても大切なことだと思います。」

と、こんな感じで、二つ目は、三つ目はと続き、六つ目は、これはおじいちゃんからですがと、おじいちゃんの分も代筆されて……。

そして、十個目が終わりました。でも、その五枚目の便箋にはあと一行書かれていました。それがこの言葉でした。

「最後に、翔太がお母さんの子どもであったことが一番いいところです」

読んだ瞬間、我が子の顔が浮かびました。

涙が溢れました。

朝の教室で私は泣きました。

「生まれてきてくれてありがとう」

一番大切なことを忘れていました。

気づかせてくださったお母さんにとっても感謝しています。

◉子どものいいところを見つける癖をつける

もう一つ、私が考え方を変え、心が軽くなったエピソードをお話ししましょう。

生徒指導が大変だったクラスを担任した時の話です。

最初の頃は授業が始まる時間になっても席に着かず立ち歩いている子がいました。「うざい」「きもい」等の言葉が横行し、足元を見ればスリッパをはいているようでした。上履きのかかとを踏んでいるからです。

けんかは日常茶飯事でした。毎日誰かがもめ事を起こし、私が叱る。そんな日が続きました。

「友達とは仲よくしましょう」「自分がされていやなことは人にはしない」「授業中は元気よく手を挙げて発表しましょう」と、注意しても注意してもなかなか成果が見られないと感じていました。

次第に夜眠れなくなり、食欲もなくなって、五キロぐらいやせていきました。

六月頃、市の指導主事訪問といって、教育委員会から学校視察がありました。その時、指導主事の先生と教員が一人一人話をする時間がありました。

その先生は、私の顔を見るなり、

「大変なクラスだというのは聞いていますよ」

とおっしゃいました。

私は、うつむき加減で小さな声で、

「はい、四月から担任をしていて、私なりに色々と指導してきたつもりなのですが……。何にも成果がないのです……。しいて挙げれば言葉遣いくらいでしょうか。『もう五年生になったから、先生方には丁寧な言葉を使いましょう』と言って。それまでは、誰に対してもため口でしたので。子どもたちが間違えるたびに、『はい、もう一回言ってみてね』と言い続けて、最近はようやく丁寧な言葉を話せるようになってきました」

と、言いました。すると、思いがけない言葉が返ってきました。

「**一つでもあるじゃないですか！**」

はっとしました。私は、あれもダメ、これもまだなってないと、子どもたちのできていないところや足りないところ、悪いところばかり探していました。そして、自分のことも責めていました。

「一つでもあるじゃないですか！」

そう言われて、

「私のまいた種は本当に何にも芽が出てないのだろうか？」

もう一度よーく考えてみることにしました。

「あの子は、まだけんかするけど、そういえば、四月の頃より回数が減ってきたな」

「あの子は、これまで授業中に手を挙げたことなどなかったのに、この間の算数の授業で手を挙げて発表したな」

「あの子は、少し乱暴なところがあるけど、あいさつはいつも元気がいいな」

今まで見えていなかったものが見えてきました。

それから、私は、子どもたちのいいところに目を向けていこうと、自分の中で意識するようにしました。

「この子はけんかはするけど、自分が悪いと思った時は、ちゃんと謝っているな」

「この子は目立たないけど、いつも掃除を一所懸命しているな」

「この子は宿題をいつもきちんと提出しているな」

悪いところ探しよりも楽しい時間であり、ほっとする時間でした。

とはいえ、まだまだ問題がゼロになったわけではありません。ある日、けんかが起きました。

今までだったら、「あれほど注意したのに、なんでけんかするの！」という怒りでいっぱいになり、その怒りモードをそのまま子どもたちにぶつけていたでしょう。でも、その時は、違いました。怒りよりも、「あんなにいいところがあるのに、なんでけんかなんかするの。とても残念」という気持ちでいっぱいでした。その思いをそのまま子どもたちに伝えました。途中から涙声になりました。子どもたちも泣いていました。

子どもたちの行動は目に見えてよくなっていきました。小さい問題は起きても、クラス全体が明るくまとまってきたのが分かりました。

子どもたちの悪い点ばかり見つけていた私が、良いところを見つけるようになって、物事が良い方に進み始めました。その中で、実は私が一番救われた気がします。

というのも、悪いところばかり見ていた頃は、叱りながら、「なんでこの子はこんなことするんだろう」と、絶望している自分がいました。

でも、良いところを見つけるようになってからは、「今回、やってしまった行動は良くないことだけれども、この子にはこんないいところがある」と思うことで、その子に対する希望が見えました。

人は、希望が見えると心が元気になります。

あなたが、お子さんについて色々と気になってしょうがない、というのも分かります。母親ですからね。そこで、少しだけ見方を変えて、お子さんのいいところを見つける癖をつけてみませんか？

たくさんの希望があなたを待ってますよ。

子育ては疲れるしイライラします。
そんな中で一所懸命がんばっている
あなたがすばらしいのです。

column

知っていると知らないとでは大違い「内発的動機付け」

人が物事をする時にどんな動機でするのか。それを二つに分ける考え方があります。内発的動機付けと外発的動機付けです。

まず、内発的動機付けとは、それをやらないと叱られるからとかお金がもらえるからとかいう理由ではなく、自分がやりたいからやるという動機付けです。

例えば本が大好きだからご飯を食べるのも忘れて読みふけるとか、大好きな歌手のコンサートに行くためならどんなに遠くでも行くとか。とにかく誰にも命令されないのに自分から進んで色々なことをやる。そういう状態のことです。

一方の外発動機付けというのは、それをするとお金をもらえるとか、褒められるためにやるとか、反対に叱られないためにやるとか。そのこと自体が楽しくてやるのではなく何かのためにやるという動機付けのことです。

人は外発的に動機付けられると、本来ならば大好きだったことでも好きでなくなるということも研究から分かっています。この外発的動機付けに比べて内発的動機付けは、一所懸命取り組む時間が長続きしてその内容の質自体も高くなると言われています。これをあなたのお子さんに当てはめてみるとどうでしょうか？

例えば宿題。これは、やっていかないと叱られるものですので、そもそも外発的動機付けによるものです。だったら進んでやらせるのは無理って思いますよね。でも、その中にも内発的動機付けを入れることができます。そのコツは、

「自分で選ぶ機会を増やす」

ことです。どういうことかといいますと、お子さんの宿題が漢字の練習と計算ドリルの二つだとします。

「早く宿題してしまいなさい！」

ではなく、

「今日の宿題は漢字と計算の二つよね？　どっちから先にやりたい？」

と聞くのです。お子さんが、

「漢字」

と答えたとします。すると、これは自分で選んでいるので取り組みやすくなるわけです。

ちょっとしたコツですが、これを知っているといないとでは大違い。あなたもお子さんが自分で選ぶ機会を少しでも増やしていってみてくださいね。

第二章

子育てにとって一番大切なこと

◉自己肯定感をもっている子に育てる

第一章では、子育ては誰だって疲れるしイライラすることや、私の失敗談、そこから学んだことなどを中心にお伝えしました。

第二章では、子育てにとって一番大切なことについてお伝えします。子どもが生まれる時、私は、色々想像していました。

まずは何はともあれ優しい子になってほしいな、スポーツが好きだとうれしいな、一緒に買い物行きたいな、友達と仲良くしてほしいな、元気で健康な子でいてほしいな……。

あんな子になってほしい、こんな子になってほしいと色々な願いが生まれました。将来自分がいなくなっても周りのみんなに愛されて、幸せな人生を送ってほしいなと思いました。

でも、いざ生まれてくると子育ては忙し過ぎて、その日その日を過ごすのが精いっぱいでした。毎日がまるで戦いのように忙しく過ぎていきました。

親として、子どもに残してあげられることで一番大切なことは何だろう、というところまで深く考えることはありませんでした。

今もし、もう一度子育てができるとしたら、間違いなくこれを選びます。

それは、

「自己肯定感」

をもっている子に育てるということです。

三十年以上教師をしてきました。何百人という子どもたちと接してきました。大学院に入学して、最新の心理学や脳科学なども学ばせていただきました。その上で、そう思います。


「自己肯定感」をもっているって、どれくらい？　高ければ高いほどいいの？

というか、自己肯定感ってそもそも何？

次頁からは、そんなあなたの質問にお答えしますね。

◉自己肯定感ってそもそも何？

「自己肯定感」とはどういうことでしょう？

日本でも、色々な方が自己肯定感についての本やブログ等を書いていらっしゃいます。その中で自己肯定感のことを定義する言葉は、少しずつ微妙に違っています。

私は、

「長所も欠点もあるありのままの自分を認め、これでいいと思える気持ち」

と捉えています。

一言で言いますと、

「**自分のことを好きかどうか**」

ということです。

私が、子どもたちに自分のことを大好きになってほしいと思って「宝物ファイルプログラム」を始めた二〇〇〇年の頃は、自己肯定感という言葉はほとんど知られていませんでした。

何を隠そう、私も知りませんでした。二〇〇三年に自費で出版した時も、原稿を送った全ての出版社から断られました。

でも、あれから月日が経ち、今ではとてもメジャーな言葉になりました。似ている言葉に、自尊心、自尊感情、自己効力感、自己有用感などもあり、これまた人によって少しずつ解釈が分かれます。

海外に目を向けますと、一番近い英語の単語は、「self-esteem」だと思います。「esteem」という単語が、「尊重する」「尊敬する」という意味をもつため、「自尊心」「自尊感情」と訳されることが多いですが、日本語での「自尊心」「自尊感情」の意味である「自分自身を価値ある存在だと思うこと、プライド」とは、少し異なります。

低いか高いかで表されますので、自分に対する満足度、つまり、「自己肯定感」と捉えてください。

心理学でいう自己肯定感についての研究は、この「self-esteem」についてのものが多いです。海外では、一九六五年に発表された、ローゼンバーグの尺度が大変有名です。簡単に言いますと、自分のことを「good enough」（これでよい）と感じる程度を測定する尺度です。

この尺度を使って、たくさんの研究が行われました。

自己肯定感は、人間の精神的健康（メンタルヘルス）にどのような影響を与えるのか。日本でも年々増えているいじめとの関係はどうなのか。

子どもの頃の自己肯定感が低いことと高いことが大人になってからどんなことに繋がるのか、などなどです。

また、その他にも、自己肯定感に関する研究はたくさんあり、自己肯定感を決定づける要因にはどんなものがあるかなど、興味深いことが次々と分かってきました。

◉なぜ自己肯定感が大事なの？　世界の研究結果から見えてきたこと

その1　メンタルヘルスと自己肯定感

メンタルヘルスという言葉、最近よく耳にしますね。メンタル＝「心」、ヘルス＝「健康」と考えて、そのまま訳しますと、「心の健康」という意味になります。

心が健康であることが大事なのはなぜでしょうか？

はい、そうです。心が健康でないと、さまざまな心の病気や身体の病気になってしまうからです。

心の病気の中で代表的なものにうつ病があります。

気持ちがどーんと落ち込んで、何かをしようとする意欲が湧いてこなくなります。

食欲がなくなったり、夜なかなか眠れなかったりもして、普通の生活を送ることが難しくなってきます。

私も以前、生徒指導が困難なクラスを担任した時に、何をしても楽しいと感じられなくなりました。

朝起きると、気持ちが沈んでいるのです。職員会議で同僚が冗談を言って皆が笑った時は、慌てて「あ、私も笑わなくちゃ」と思って無理に笑う、といった感じでした。とても食いしん坊でケーキや果物が大好きなのに、なぜだか食べたいと思いませんでした。食欲が湧いてこないのです。

夜もなかなか眠れず、気がつくと、夜中の二時、二時半、三時ということがありました。

その時はそんな症状を自覚しているのですが、自分ではどうしようもできないという状態でした。「このままいけば、うつ病になる」と思いました。自分ではどうしようもないからこそ「うつ病」という病気なのだと悟りました。

今思いますと、うつ病またはうつ病一歩手前というところまでいっていたのだと思います。誰にでも起き得る病気と考えると怖いですよね。

また、女性に多い心の病気として、「摂食障害」があります。患者は女性が九割を占めると言われています。

症状は二つのタイプに分かれます。拒食症は、極端に食事を取りたがらなくなり、標準体重の八十％以下になり生理も止まってしまいます。

過食症は、ストレスを感じるとお菓子などの食べ物を大量に食べます。でも、その後、自己嫌悪におちいります。そして、食べて太ることを心配して自分で吐いたり下剤を使ったりすることを繰り返します。

特に拒食症の方は、痩せることが進みますと、身体に栄養がいかなくなり、最悪の場合には死に至ってしまうという怖い病気でもあります。

そんな心の病気＝メンタルヘルス問題に大きな影響を与えているのが、自己肯定感です。そうです。うつ病や摂食障害と自己肯定感には関係があるのです。

具体的に言いますと、

・自己肯定感が高いとうつ病や摂食障害になりにくい

・自己肯定感が低いとうつ病や摂食障害になりやすい

という研究結果が出ているのです。

その2　いじめと自己肯定感

文部科学省による最新のいじめのデータは、二〇二〇年十月に発表されたものです。これによりますと、二〇一九年度にいじめと認知された件数は、約六十一万二千件で、前の年よりも約七万件増えています。一九八五年からの調査で過去最多を更新しています。

いじめが増え続けていることは、本当に悲しいことです。いじめと自己肯定感は関係があります。いじめる子は自己肯定感が低いということが研究から分かっています。自己肯定感が育っている子は、欠点も長所もあるありのままの自分でいいんだと思っていますので、失敗して落ち込んだとしても立ち直りが早いです。

一方、自己肯定感の低いお子さんが失敗すると、「だから自分はダメなんだ」と自分で自分を責めてしまい、なかなか立ち直ることができません。親から期待されている子は、その期待に応えられなかった自分に腹が立ったり、イライラしたりします。

そんな子のストレスのはけ口がいじめとなってしまいます。自分より弱いと思っている子をいじめることで、自分がえらくなったような気になります。あるいは、自分はうまくいかないのにあの子はうまくいっている。そのことが許せなくなって、いじめてしまう子もいるでしょう。

いじめは絶対によくない。時には、いじめられた子の自殺などに繋がる場合もあるからなおさらです。

いじめられる子と自己肯定感の関係は、ご想像の通りです。いじめられる子もまた、自己肯定感が低いことが分かっています。この件については、自己肯定感が低いからいじめられたのか、いじめられて自己肯定感が低くなったのか。私は両方のパターンがあると思っています。実際、いじめていた子（自己肯定感が低い子）が、いじめの対象になってしまうこともあるからです。

最後は、いじめを見て止めに入る子と自己肯定感の関係です。これは、自己肯定感が高い子はいじめから友達を守る傾向にあることが分かっています。

いじめている子を守ることで、自分がいじめられたらどうしようという不安は誰にでもあると思います。しかし、自己肯定感が高い子は、その不安よりも目の前の友達を助けたいという気持ちの方が強いのだと思います。

もし、そんな子がどんどん増えてくれれば、つまり、自己肯定感の高い子が増えればいじめの傍観者が減るということになりますね。

このように、**子どもたちの自己肯定感が高くなると、いじめる子やいじめられる子が減るでしょう。**いじめを見た時に止めに入れる子が増えるでしょう。

小学生の子どもたちって、本来はとても可愛いです。特に、小学校一年生のあのきらきらしたまなざし、けがれのない瞳を思い出す度に、この子らをいじめの加害者にも被害者にもしたくないと強く思います。

もちろん、あなたのお子さんをいじめの加害者にも被害者にもしたくありません。ですので、私は、もっともっと宝物ファイルプログラムを広めたいと思っています。

そのために、どうすればいいかと考えて、三十一年間勤めた大好きな教師の仕事を退職しました。大学院で学んで、宝物ファイルプログラムの有効性を科学的に証明して論文にして世に発表するためです（そのあたりの詳しいいきさつは後ほどお伝えします）。

今後は、自分のことも家族や友達のことも大好きな子どもたちを日本中に、世界中に増やしていきたいです。そして最後は世の中を平和にしたいと願っています。

いじめ対策としては、後ほどお伝えする宝物ファイルプログラムのような「一次予防教育」が必要だと思っています。

医学的な予防には三種類あります。例えば、生活習慣病という言葉がありますね。三次予防は、起きてしまった病気について再び起きないようにしたり社会復帰を促したりすることです。二次予防は、病気の早期発見、早期治療のことで、これ以上重症にならないようにするものです。

これらに対して一次予防は、まだ病気になっていない人が、生活習慣の改善などをして病気にならないようにすることです。

この考え方を教育にもあてはめたものが予防教育です。具体的にいじめ対策について考えてみましょう。三次予防教育は、いじめが起きてしまった時に、もう起きないようにしたり、いじめられた子の心のケアをしたりすることです。二次予防教育とは、いじめの早期発見、早期対策です。そして、一次予防教育とは、いじめが起きる前に、自己肯定感を高めるようなプログラムを実施して、いじめる子を減らすことです。

残念ながら、この一次予防教育という考え方は日本にはまだまだ浸透していません。しかし、現在の日本の子どもたちのいじめの問題、メンタルヘルスの問題等を考えますと、一次予防教育の必要性を感じないではいられません。

これからも、あきらめずに伝え続けていきたいと思います。

その3　子どもの時の自己肯定感が大人の生活に与える影響

これまで、メンタルヘルスやいじめと自己肯定感についてお伝えしました。これらについて、「にわとりと卵」式にいいますと、自己肯定感が低いからメンタルヘルス問題が起きたのか、メンタルヘルス問題が起きたから自己肯定感が下がったのか、議論が分かれるところです。

ところが、次にお伝えする研究は、そんな議論に一つの答えを示しました。それは、「子どもの頃に自己肯定感が低かった子とそうでない子は、大人になってから違いが出るのか」について二十年間続けて研究したものです。このように二十年以上にもわたる研究結果はとても貴重で、日本に限らずなかなかできるものではないと改めて感心します。とても興味深い内容は次のとおりです。

七歳、九歳、十一歳、と同じ子どもたちをずっと追いかけました。その子らが二十六歳になった時の、メンタルヘルス問題、身体的問題、経済的な裕福度、学業、有罪判決を受ける割合、麻薬問題等の幅広い項目について調べました。

子どもの頃の自己肯定感は大人になってから多方面で影響を及ぼすのかと。

その結果、子どもの頃に自己肯定感が低い子はそうでない子に比べて、うつ病や不安症になりやすく、肥満度が高く、経済的に恵まれず、学業はふるわず、有罪判決を受けやすく、コカイン中毒になりやすいなどの結果が出ました。

ある程度予想されていたとはいえ、とても悲しい結果でした。

私は、大人になっても低い自己肯定感は改善できると思っています。なぜそう思うのか。理由は二つあります。

一つ目は、自分自身が体験したからです。後の章でもお伝えしますが、私は自分のことが大嫌いでした。高校から大学時代が一番ひどかったと思います。でも、大人になってからようやく自分のことが好きになりました。

二つ目は、私の講座に参加していただいた方々の声です。たくさんのうれしい声をいただいているからです。

しかし、大人になっても改善できるとはいえ、できるなら子どもの頃から自己肯定感を高めてあげたいと思います。あなたのお子さんが、ただ一度の人生を楽しく幸せに生きるために、私は、この本を書いています。

その4　ナルシシズムと高い自己肯定感がもたらす攻撃性

自己肯定感について調べていますと、「高すぎてもよくない」という論文を見かけます。あくまで、特定の尺度（アンケート）で測った場合に高い自己肯定感という前提ですが。

これらの研究のうち、ナルシシズムと自己肯定感の研究についてお伝えします。

日本で「ナルシスト」と言いますと、自分のことだけ大好きでその自分に酔っているような、ちょっと困った人を思い浮かべるかもしれません。

しかし、ナルシシズムとは、自己愛性人格障害と呼ばれる、れっきとした病気なのです。

特徴としては、
・自分は特別だから、特別扱いされて当然だと思っている
・周りの人から注目されるのが好き
・権力や名声などにとらわれている
・自分のことを認めてほしくて称賛を求める
・他人の感情には無頓着である
・自分より優れた相手に対して批判的な言動を繰り返す
・自分のためなら他人を利用する
・尊大で傲慢な態度
などが挙げられます。

研究では、ナルシシズムの傾向が高い子どもたちを自己肯定感が高いグループと低いグループに分けました。そして、自分が恥をかいた時の他者への攻撃性に違いがあるかどうかを調べました。

すると、**ナルシシズムと自己肯定感の両方が高い子どもたちは、そうでない子どもたちに比べて他者への攻撃性が高いことが分かりました。**

この場合の自己肯定感が高い子どもについてですが、本当に自己肯定感が高いのか、ナルシシズムの傾向が高い子どもたちは自分の低い自己肯定感を隠して、アンケートではわざと高く見せようとする回答をしているのか、そのあたりまでは分かりませんでした。

このように、アンケートの結果だけの判断では限界がありますが、青少年の犯罪がナルシシズムと結びついているという研究もあります。

私は、真の自己肯定感が育てば、ナルシシズムは減るのではないかと考えています。

◉自己肯定感の高い人、低い人、不安定な人の特徴

次は、自己肯定感の高い人、低い人、高くて不安定な（もろい）人について取り上げます。もちろん全員がこれに当てはまるわけではないかもしれません。例外もあります。このような特徴が見られることが多いという前提で読んでくださいね。

【自己肯定感が高い人の特徴】
・前向きである
・決断力がある
・行動力がある
・粘り強い
・ストレスを感じにくい
・逆境に強い
・最後までやり抜く力がある
・失敗に強く立ち直りが早い
・批判を受け入れさらに向上できる
・相手を認められる

【自己肯定感の低い人】
・なんでも否定的に考える
・決断する時に悩む
・人の目を気にする

・ストレスを感じやすい
・逆境に弱い
・困難なことがあるとあきらめてしまう
・落ち込んだら立ち直りにくい
・相手を認められない
・自分を責める
・自分の考えを殺して相手に合わせようとする

【自己肯定感の高くて不安定な（もろい）人】
・怒りをコントロールできない
・人生や周りの人に対して攻撃的になる
・成功を求める
・自分の失敗を認めず人のせいにする
・自分より優れた人に嫉妬して引きずり下ろす
・突然深刻なうつ病になりやすい

人間ですので、自己肯定感の高い人でも、時には落ち込むこともありますし、失敗して悔しくて眠れないこともあると思います。

決して聖人君子になる必要はありません。

苦しい時や辛い時に、私がお伝えしている、「**長所も欠点もあるありのままの自分を認め、これでいいと思える気持ち**」を、自分は自分のままでよいということを思い出していただけたらと思います。

◉自己肯定感に影響を与える二つの要因

ここまで、自己肯定感が人間のメンタルヘルスや生活にどのような影響を与えるか、自己肯定感の低い人、高い人などの特徴についてお伝えしてきました。

次は、アメリカのスーザン・ハーター博士が提唱する、自己肯定感に影響を与える主な二つの要因と、その要因が満たされずに自己肯定感が下がってしまう例についてお伝えしますね。

一つ目の要因は「**ソーシャルサポート**」です。

訳しますと、子どもたちを取り巻く「社会の支援」ということになります。

赤ちゃんの時代は、自分を取り巻く社会といえば、家族ですね。その家族の中でもお母さんからの支援がとても大切となります。

支援というのは、愛情であったり、肯定的な言葉かけであったりします。

保育園に通うようになると、子どもたちを取り巻く社会は、家族に加えて、友達（仲の良い友達やクラスメイト）や先生になります。これは、小学校も同じですね。

中学生、高校生時代部活動に入部すると、これらに加えて、部活動での先輩や同期、後輩などが加わり、就職すると会社の同僚などが加わります。

このような、自分を取り巻く社会から、愛され、肯定的な言葉をかけてもらっているかどうかということが、自己肯定感を左右します。

このソーシャルサポートについて語る上で、まずお伝えしたいのが、子どもたちが生まれてからすぐに接することになる家族からの「虐待」についてです。

生まれた子どもたちにとって、家族は自分以外の社会の全てです。

家族に愛されて育ったか、あるいは虐待されて育ったかは、子どもたちのその後の人生を大きく左右します。

児童相談所における児童虐待相談対応件数

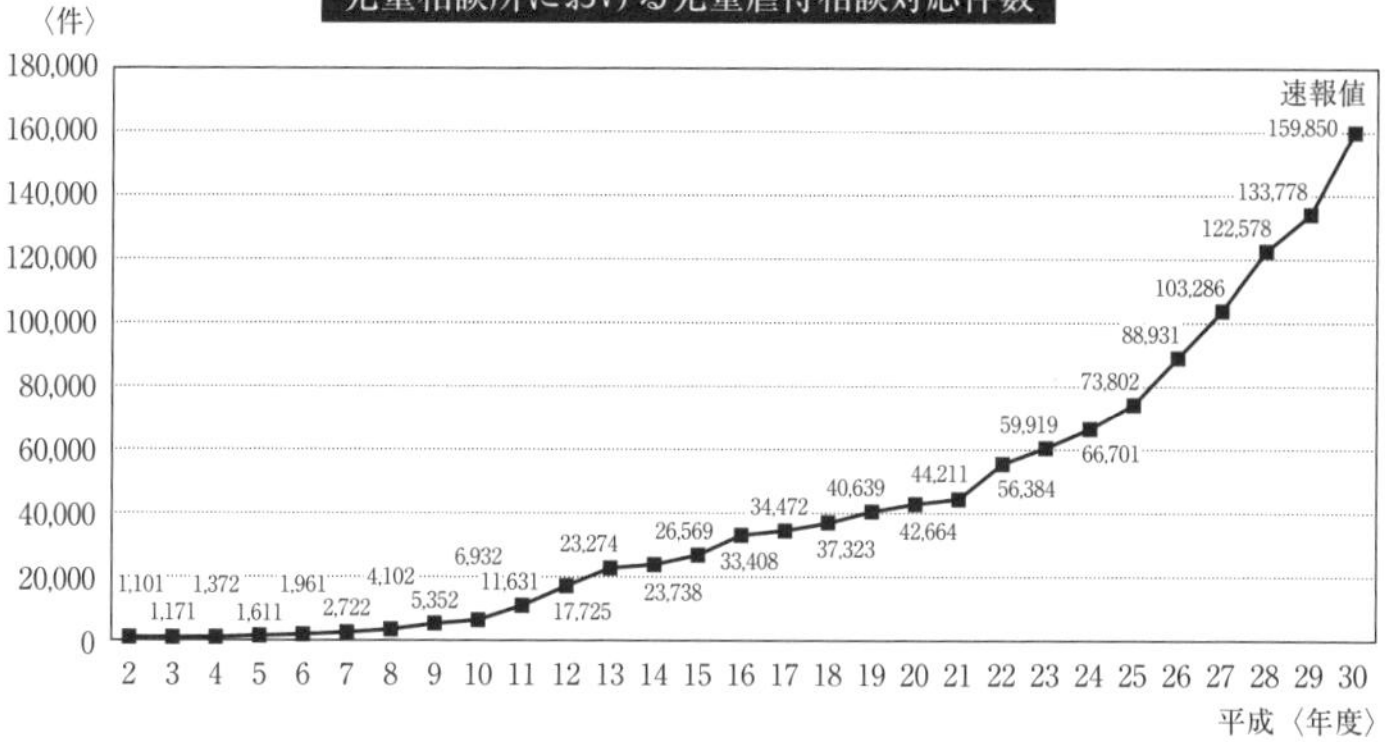

このグラフは、ＮＰＯ法人　児童虐待防止全国ネットワークへの児童虐待の相談件数です。

平成二年から増加の一途をたどっています。

私は、入学した大阪大学大学院で、子ども虐待問題に長年関わってこられた杉山登志郎教授の授業を受けました。

その時に、杉山先生が、

「平成二年、児童虐待の相談対応件数が千百件を超えたといって、僕たち児童精神科医は驚いていました。しかし、そこからわずか二十四年後の平成二十六年には八万八千件を超えました。来年の発表では、十万件を超えるでしょう。これは、これまで虐待を止めてこられなかった僕たち児童精神科医の責任でもあります」

とおっしゃったのを鮮明に覚えています。

はたして、その次の年、杉山先生の予想通り、十万三千二百八十六件と十万件を超え、令和元年には、十九万三千七百八十件と四年間で約一・九倍になっています。

親に虐待され否定され続けると、子どもたちの自己肯定感が下がります。

ある児童相談所の方が、

「子どもたちは、身体的虐待を受けて全身があざだらけになっているのに、『僕が悪いから叱られたの。お父さんお母さんは悪くないの』と言うのですよ」

とおっしゃいました。本当に胸が痛みます。

さらに、虐待は、子どもの身体や心だけではなく脳までも傷つけることが研究により明らかにされました。

その研究についてお伝えする前に、虐待について少し説明しますね。

児童虐待防止法第二条によりますと、虐待は四つに分けられて定義されています。分かりやすく言いますと、次のようになります。

一　身体的虐待

二　性的虐待

三　ネグレクト

四　心理的虐待

身体的虐待とは、保護者が子どもに対して、殴る、蹴る、風呂に沈める、やけどをさせる、首を絞める、冬に家の外に絞め出すなどが挙げられます。

性的虐待とは、保護者が子どもに対して、性的行為の強要や教唆、子どもとの性交、子どもに性器や性交を見せるなどが挙げられます。

ネグレクトとは、保護者が子どもに対して、食事を与えない、衣服を着替えさせない、家に置き去りにして外出する、泣いていても放っておくなどの育児を放棄した状態のことを指します。

心理的虐待とは、保護者が子どもに対して、大声で感情的に叱る、脅す、無視する、蔑《さげす》んだ目で見る、兄弟間で差別する、人格を否定し自尊心をひどく傷つけるような暴言を吐く、子どもが暴力を目撃するなどが挙げられます。

次に、これらの虐待の内訳を見てください。上記の虐待の種類別のグラフ（ＮＰＯ法人児童虐待防止全国ネットワーク発行）を見ますと、心理的虐待がとても増加していま

児童相談所における児童虐待相談対応の内容

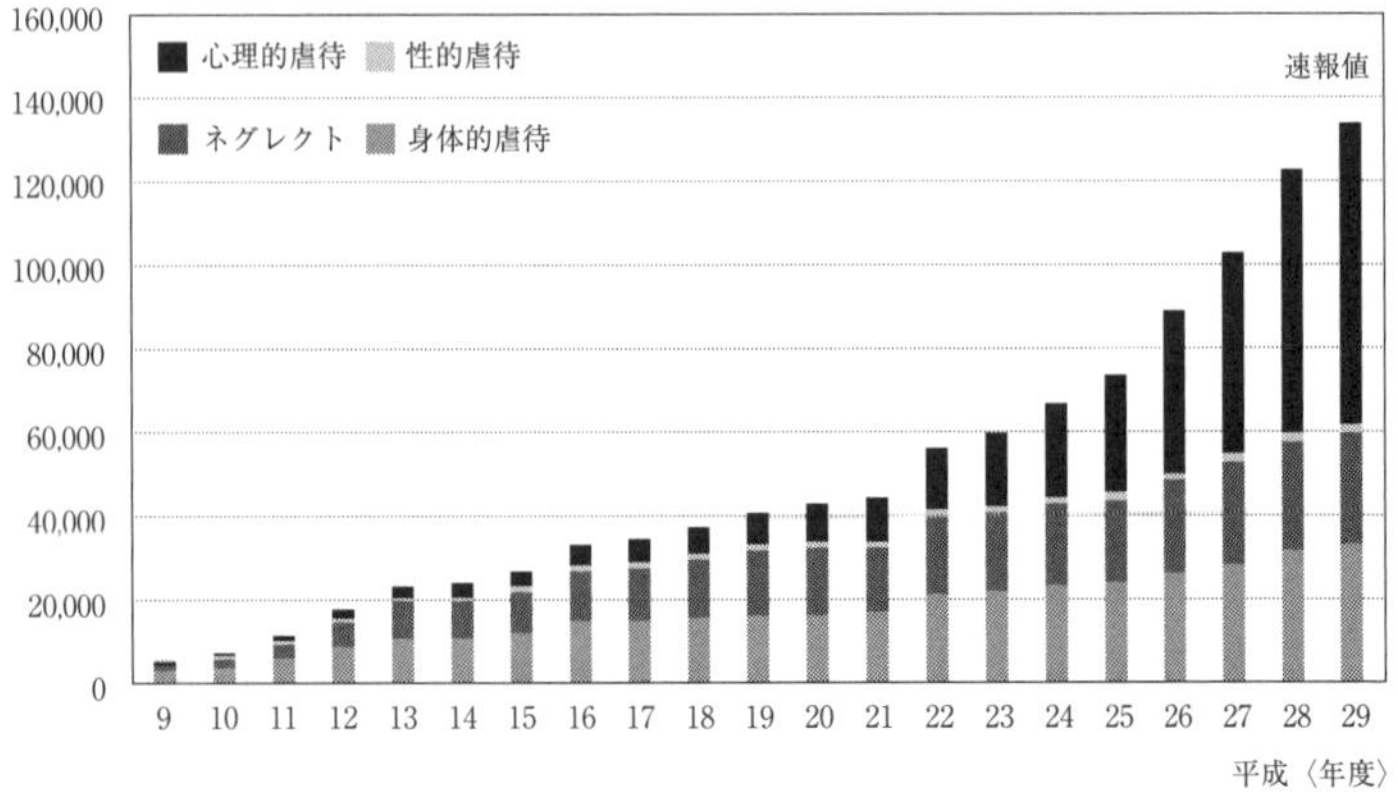

す。

虐待相談数の増加も心配ですが、中でも心理的虐待が増えていることに強い危機感を覚えます。

それは、次のような理由からです。

・虐待によって脳が変形したり委縮したりする
・虐待の種類によって脳が影響を受ける場所が違う
・虐待の種類によって脳が影響を受ける度合いが違う

この虐待と脳の関係は、私が入学した大阪大学大学院連合小児発達学研究科福井校の友田明美教授とハーバード大学との脳画像を使った共同研究によって、世界で初めて明らかにされました。

詳しい解説は友田教授の御著書を読んでいただければと思いますが、ここでも要点をお伝えしますね。

四～十五歳までの間に身体的虐待を受けた人は、そうでない人に比べて、脳の前頭前野が委縮します。この前頭前野は、脳の前側にあって思考や感情をコントロールする場所です。

同じように、性的虐待は、主に視覚野に影響を与えます。視覚野というのは、視覚、つまり物を見る時に働く場所です。

心理的虐待のうち暴言は、聴覚野に影響を与えます。聴覚野は言葉に関係する機能をつかさどっている場所で、一人親より二人の親からの方が、父親よりも母親からの暴言の方が影響が大きいです。また、夫婦間のＤＶを目にすると、視覚野が委縮します。

ネグレクトについても、愛着障害に繋がることがあるので要注意です。

愛着障害とは、親から愛されている、いつでも安心して戻る場所があるという自信や安心感をもてずに育ってしまうことです。

その結果、大人になっても、周りの人とコミュニケーションを取りにくい、喜びを感じにくい、不安を感じやすいなどの弊害が起きてきます。

さらに、色々な虐待を受けますと、そのトラウマが大人になっても人を苦しめます。身体的虐待やネグレクトを受けた人よりも、「親のＤＶを目撃する＋暴言による虐待を受ける」場合の方がトラウマ状態が深刻です。


これら虐待と脳の関係を見ますと、虐待（外からのいやな刺激）に対する子どもたちの一種の自己防衛反応ではないかと思います。

それは、とても悲しい、悲しい自己防衛反応に他なりません。


さらに、前述の杉山教授は、大学院の講義の中で、

「虐待の何が問題かというと、虐待された子は発達障害の子とそっくりな症状になることです。その場合、もともと生まれもった発達障害なのか、虐待による発達障害なのかは、専門家の僕たちでも見分けがつきません」

とおっしゃいました。

もしかすると、我が子に暴言を吐き続けることで、子どもの発達が親が思うよりも遅れ、それがまた暴言の原因になるという悲しい負の連鎖が起きているのかもしれま

せん。

以上、虐待について色々とお伝えしてきました。虐待について知れば知るほど、胸が締め付けられます。暗い気持ちにもなります。

「自分の暴言のせいでうちの子の脳が傷ついたらどうしよう」と思われるかもしれません。

しかし、一章でもお伝えした通り、暴言を吐きたいと思っている親はいません。育児の色々なストレスや不安が重なった結果で、これは、どの親に対しても起こりうることなのです。

子どもに対する虐待を少しでも減らしてほしい。自分を責め過ぎないでほしい。楽しい子育てをしてほしい。その一念で今この本を書いています。

子どもに言い過ぎてしまった時の対処方については、第五章で書いていますので読んでくださいね。

最後に、友田教授の授業の最終回の時、私は思い切って手を挙げて、

「マイナスの言葉かけによって、子どもの脳が変形したり委縮したりするのなら、プ

ラスの言葉かけ、つまり私が行っている宝物ファイルプログラムで、傷ついた脳が元に戻るということは考えられないでしょうか？」

と質問しました。すると、友田教授は、

「今行っている研究が終わったら、ぜひともやってみたい研究です」

とおっしゃってくださいました。

虐待された子どもの脳を調べるということは、倫理上の問題もあって日本ではなかなか難しいと思われます。

しかし、**「自分も家族も友達も大好きになる」という宝物ファイルプログラム**が、虐待された子どもたちを救うことが科学的に証明できる日がくることを願いながら、日々実践を続けていきたいです。

◉学級風土が自己肯定感に影響する

子どもたちの年齢が上がり、保育園や小学校に通うようになると、子どもたちを取り巻く社会は家族だけから、家族＋保育園や小学校のクラスへと変化していきます。

そのクラスがどのようなクラスかによって、子どもたちの自己肯定感が影響を受けます。

仲の良いクラスで、友達の良いところを認めることが普通にできているクラス＆教師の場合は、子どもたちの自己肯定感は低くなることはありません。

しかし、クラスの中でよくケンカが起きたり、教師が叱ってばかりいたり、うざい、きもい、などのネガティブな言葉が横行しているようなクラスの場合は、子どもたちの自己肯定感が低くなる可能性があります。

そのようなクラスの場合、発達障害児の二次障害が問題となります。

二次障害とは、例えば、自閉スペクトラム症のお子さんの場合、本人がもっているこだわりの強さや人の気持ちに共感し辛いことで、クラスの友達から仲間外れにされたりからかわれたり、いじめられたり、教師からひどく叱られたりした結果、頭痛や食欲がなくなる、不安、うつ、暴力、不登校などの症状が出ることを指します。

病院で学んだソーシャルスキルを生かすも殺すも、本人が長時間過ごす学級がお互いを認め合う風土であるかどうかにかかっています。

宝物ファイルプログラムを取り入れた先生方から、

「仲の良いクラスになりました！」

「子どもたちの笑顔が増えました！」

というお話を聞く時、私はとてもうれしい気持ちになります。

さらに、以前こんな出来事がありました。

後の章で出てきますが、二〇一二年にフランスの心理学者クリストフ・アンドレ先生に会いに行った時に、パリにある日本人学校を訪問しました。

そこの教頭先生に子どもたちの宝物ファイルを見せながら説明した後、私は、

「ここの生徒さんたちもこのような宝物ファイルを作ってみませんか？　日本に帰ってからも、このフランスの様子をクラスの友達に説明できて、仲良くなりやすいと思います」

と言いました。すると、教頭先生が少し顔を曇らせながらこうおっしゃいました。

「日本人学校の子どもたちは、日本に帰っても自分が外国にいたことをクラスのみんなに話そうとはしません。むしろ、隠すくらいです」

「えっ、それはなぜですか？」

「生意気だと言っていじめられるからです」

「そうなのですか……」

私は言葉が出ませんでした。

その代わり、思い出したのは以前担任した五年生のクラスでの出来事でした。

九月に転校生のAさんがやってきました。海外からの帰国子女で、英語がとても上手でした。

その頃小学校でも総合的な学習の時間に英語の授業が取り入れられていて、本場のアメリカからも英語担当の先生が学校に来てくれていました。

しかし、毎回その先生が来てくださるわけではなかったので、不肖ながら私が英語の授業をすることもありました。そんなある日のこと、私の英語の授業の始めに子どもたちがこう言いました。

「先生、今日は、Aさんに、発音の先生になってもらったらどうですか？　Aさんの発音とってもきれいだから」

私は、

「おお、それはいいねえ。今日はみんなでAさんに発音を教えてもらいましょう！」

と言いました。

Aさんの発音はすばらしい↓Aさんに教えてもらいたい

そんな素直な気持ちが子どもたちの中に芽生えていました。

帰国子女だからいじめるという発想はなかったのです。

もちろんそのクラスでも宝物ファイルプログラムを実践していました。

◉うつ病や離職に繋がってしまう学習性無力感

社会人になると、会社がその人を取り巻く社会に加わります。その会社で自己肯定感が下がり、うつ病や離職に繋がってしまうのが、学習性無力感です。

アメリカの研究者セリグマンが犬に行った研究によって提唱されました。

自分の意思ではどうにも回避できない苦痛を与え続けられると、本来ならば簡単にできるはずのことができなくなってしまう、または、やろうとしなくなることです。

これを会社にあてはめますと、いつもいつも怒ってばかりいる上司がいるとします。何か意見を言おうものならさらに怒って、罵倒してくる。

そんなことが続くと、人は、「この人には何を言ってもダメなんだ」「自分はどうすることもできない」と学びます。

すると、やる気がなくなり、以前ならできたこともできなくなる、または、やってもどうせ無理だと思ってやろうとしなくなります。

ひどい場合には、うつ病になって会社を離職することにも繋がってしまいます。

このように学習性無力感を感じてしまった時にどうするとよいのでしょうか？

それは、**周りの人からのポジティブな言葉をもらうこと**です。自分ではどうにもならないと思ってあきらめている状態ですので、周りの人からの言葉が唯一の救済となるわけです。

ここでも宝物ファイルプログラムがお役に立てます。

ここ数年、宝物ファイルプログラムを取り入れたいという企業が増えてきました。これは、とてもありがたいことです。

会社のみなさんの自己肯定感が上がって心が元気になれば、そこで働いているお父さん、お母さんが元気になります。お父さん、お母さんが元気になれば子どもたちが笑顔になります。

つまり、子どもたちが笑顔になるためには、企業で働くみなさんに笑顔になってもらう必要があるということです。

そう考えて、これからも企業でも講座を開かせていただきます。

◉予防プログラムを行うことが大事

自己肯定感を左右する要因の一つ目は、ソーシャルサポートでした。では、二つ目は何でしょう。

それは、「自分が重要だと思える分野での自分の認識」です。

分かりやすく言いますと、成績が重要で、良い成績を取ることが自分の目指すところである場合、成績が悪いと目指す目標と差ができるので自己肯定感は下がり、良い成績だと自己肯定感が上がるというわけです。

自分が重要だと思える分野は、

・成績
・外見
・学歴
・職業
・スポーツ

など、人によってさまざまです。

自分が決める場合もありますが、育った環境にも左右されます。両親から言われ続けたことは、子どもの心の中に大きなウエートを占めるからです。

例えば、先ほどの成績の例ですが、

私の講座に参加した女性は、

「私は、父親から常に『一番の成績を取れ、一番じゃなきゃだめだ』と言われ続けてきました。ですから、二番になった時は落ち込んで自分はダメな人間だと思っていました」

とおっしゃいました。

周囲の人からみれば、二番はすごいと思うのに、「一番じゃなきゃだめだ」と言われて育ったせいで、二番でも落ち込んで自分を責めてしまうのです。

他にも、外見を重要視し過ぎると、摂食障害になる危険性があります。

「痩せている人は美しい」

「痩せてモデルのような体形になりたい」

ということにこだわり、今の自分と比べてしまうのです。その結果、極端に食べる量を減らしたり、大量に食べては吐くという行動を繰り返したりします。栄養が行き渡らずに、低栄養状態になって疲れやすくなったり、低血圧、低血糖、無月経などの症状が表れたりします。

最後は、命までもなくしてしまうこともある、とても危険な病気です。

こうなる前に、

・マスコミのコマーシャルを鵜呑《うの》みにしない

・外見だけが全てではない、他にも長所はたくさんあることを知る
・健康な食事の取り方と栄養について正しい知識を身につける
などを取り入れた予防プログラムを行うことが大事です。目標を下げることで、今の自分との差が縮まれば、自己肯定感は回復します。

このようなプログラムを行っている国もたくさんあるので、日本でもぜひ学校で取り入れてほしいと願っています。

欠点があってもいい
ありのままのあなたがいい

column

とってもドキドキしたこと

自他ともに認める無謀《むぼう》人間でございます。はい。

「世の中に『石橋を叩いて渡る』ということわざがあるけどあなたの辞書には『石橋』はないわねぇ」

などと言われたこともあります。

その私が振り返ってみますに、あの時は思わず言っちゃったけど、よく言える勇気があったものだなぁって思い出すことがあります。それは、私が子どもたちいいところを書いて渡した後の出来事です。私は、珍しくおずおずと子どもたちに切り出しました。

岩堀「あのう、ええっと……そのう……。先生ね、みんなにお願いがあるんだけど」

子どもたち「何ですか？」

岩堀「あのね、先生のいいところも書いてくれるかな？」

子どもたちに、

「えーーーっ！」

なんて言われたらどうしようと思ったのですが、意外にも子どもたちはとってもあっさりと、

「いいですよ」

と言って書き始めてくれました。教室中がしーんと静まり返り、サラサラという鉛筆の音だけが聞こえます。私はといいますと、これがまた結構ドキドキするんですよ。「子どもたち、一体何を書いてくれているんだろう？」ってね。

友達同士いいところを書き合った時の子どもたちの気持ちが少し分かりました。もらって読んでみますとこれがまたうれしい。小さなことでもすごくうれしいのです。

驚いたことや気がついたこともありました。それは、「背が高い」とか「力が強い」とか「声が大きい」なんかは自分でも予想していたことなのですが、予想外のことを書いてくれた子が何人もいたのです。例えば、「約束はきちんと守ってくれる」って書いてあったのです。えっ、そんなふうに思ってたの。びっくりしました。「今まで意識してなかったけれど、そんなふうに思ってくれているのなら、これからも期待を裏切らないように約束はきちんと守るようにしよう」と思いました。

そして、「そうか、人は、自分が思ってもいないいいところを教えてもらうとこれからもその期待に沿うようにしたいって思うんだ」と気づいたのです。いわゆるピグマリオン効果を実体験したというわけです。子どもたちから書いてもらった言葉は、今も私の宝物ファイルの中に大切に入れてあります。

第三章

子どもたちの自己肯定感を高める宝物ファイルプログラム

◉どの子にも必ずいいところがある

自己肯定感を育む二つの要素は、次の二つだとお伝えしてきました。

一　ソーシャルサポート

二　自分が重要だと思える分野での自分の認識

詳しい内容については、第四章でお伝えしますが、宝物ファイルプログラムは、これらの要素を次のような形で取り入れています。

一　ソーシャルサポート

クラスの友達同士良いところを書き合ったり、家族や担任の教師から良いところや肯定的なメッセージを書いてもらったりします。また、自分の長所を書いて、自分のことを肯定的に捉えられるようにします。

二　自分が重要だと思える分野での自分の認識

自分が目標としていることを書き出します。それについての証拠となるものや他にも自分ががんばったこと、残したいものをクリアファイルに入れて残します。一年の終わりには自分の宝物ファイルを見ながら、目標とも照らし合わせて成長したところを書きます。

念願の教師になりましたが、まさか自分がプログラムを開発して広めたいと思うようになるとか本を出版するようになるとか、そんなことは思ってもみませんでした。

ですが、新採用で赴任して以来、担任した子どもたちから大切なことを教えてもらいました。それは、

「どの子にも必ずいいところがある」

ということでした。

このことについてのエピソードはたくさんありますが、今回は、その中から二つお伝えします。

◉ボウリング場に来てくれたBくん

その学年の教え子たちは、中学二年生の終わりに私の家に遊びにきました。十数名はいたでしょうか。

家で遊んだり焼きそばを作って食べたりしたあと、ボウリングをしようということになりました。みんなで市内のボウリング場に行こうという話になりました。すると、

中の一人が、

「先生、Ｂくんはボウリング場の方に来るそうです」

と言いました。

私は、「Ａさんも家に遊びに来ればいいのに遠慮しているのかな」と思いました。家に遊びに来た子どもたちは六年生を担任した時の子がほとんどでしたが、Ｂくんは、一～四年生まで担任した子だったからです。

ボウリング場に着くと、Ｂくんは先に着いていました。その姿を見て驚きました。小学校時代の面影は全くありません。小学校時代は動物に例えると、小鹿みたいに細くて色白で優しくて、短距離がとても速かったＢくん。一目でですが、その時私の目の前に現れた彼は、眼光鋭く眉細く、髪は短く……。風貌が変わったことが分かりました。

「どうしたの？」と聞こうかと思いましたが、何も気づかない振りをして、

「一緒にボウリングしよう」

と誘いました。すると、

「俺、いいっス」

と太い声。

ボウリング場に来たのに自分はボウリングをしないで見ているという彼。外見は小学校時代とは明らかに変わってしまっていました。でも、彼は私に会いたいと電車を乗り継いで会いに来てくれたのです。

会えたことはうれしかったのですが、「こんなふうになるまでにどれだけ傷つき、どれだけ悩んだのだろう」と思うと心が痛みました。「自分は何も力になってあげられなかった」。自分の無力さを感じて、かける言葉が見つかりませんでした。

今思えばこの時の経験が今の活動にも結びついています。良いところをたくさんもっている子どもたち。その子どもたちが自分の手を離れても、中学校へ行っても自分の良さを見失わないでいられるもの。そんなものを私は無意識に心の中でずっと求めていたのです。

◉テストの成績だけが全てじゃないと教えてくれたCくん

Cくんは、とても優しい子でした。友達の嫌がることを言ったことはありません。ですので、友達とけんかをしている姿は見たことがありませんでした。係の仕事などは、真っ先にする方でした。仕事自体は早くはありませんでしたが、最後までコツコツ仕上げていました。

勉強は得意な方ではありませんでしたが、宿題はいつもまじめに提出してありました。授業中の小テストの直しやドリルの直しなどが終わらなかった時は、放課後個別指導をしました。それも嫌がらずにいつも全部仕上げて家に帰っていました。

そんなCくんを見ながら「人間の値打ちは、勉強ができるかできないかだけで決まるわけじゃない。なぜ子どもたちを評価するものがテストの成績しかないの？　もしも、優しさとか真面目さとかいうことが評価できるのなら、Cくんはダントツの一位なのに」と悔しい気持ちでいっぱいでした。

その後、一年半ぶりにまた、六年生になったCくんのクラスの担任になりました。一学期の保護者会の個別懇談の時に、Cくんのお母さんが涙ながらに話をされました。

「先生、五年生の時は放課後一度も個別指導がなくて……。あの子は、授業が分からないままに、みんなと同じところまで進まないままになっていきました。次第にあの子は……家庭内暴力と言いますか……家で荒れるようになって……。私もどうしていいか分からなかったのです。でも、おかげさまで四月からまた岩堀先生に受け持ってもらうようになって、元の優しいあの子に戻りました。ありがとうございます」

私は驚いて声が出ませんでした。「あの気持ちの優しいCくんが家で荒れていた？どうしてそんなことに？」胸が締め付けられました。

今は落ち着いてきてよかったとほっと安心すると同時に、卒業しても、ペーパーテストの成績が良くないというだけで自分に自信をなくしたり、やけになって悪い道に入ったりしないでほしいと切に願いました。

「ずっと自分のことを好きで、自分に自信をもって、真っ直ぐに、真っ直ぐに育ってね」

卒業式では祈るような気持ちで中学校に送り出しました。

いいところをたくさんもっている子どもたち。どの子にもいいところがある。そんな子どもたちとの経験が宝物ファイルプログラムの開発&実践活動に結びついています。

◉全身にビリビリッと電気が走ったような衝撃

二〇〇〇年十月の終わりに、運命的なものと出会いました。子どもたちが自分の手を離れて中学校へ行っても、自分の良さを見失わないでいられるもの。そんなものがあればいいのに。今思えば、私は無意識に心の中でずっとそんなことを考えていたのです。

その日、私の心の中は、悔しさでいっぱいでした。それは、指導主事訪問で理科の研究授業をした時のこと。授業中に実験を自由に行うという方法（自由試行）は、当時としては新しい試みでした。研究会ではみなさんが賛成意見を述べてくださいましたが、後日職員室で年配の先生と二人きりになった時、反対意見を言われました。

そこで私は「もっと自由試行について勉強したい」と思い、ある教育書の巻末の広告ページを見て関係の本を注文しました。そして、「もっとないかな」もう一ページめくった私の目に飛び込んできたもの。それが「ポートフォリオ」という言葉でした。初めての言葉でしたが、「現場の教師から反響続々！」の文字につられて、鈴木敏恵先生のホームページを見にいきました。

ポートフォリオの語源は、紙挟み。ある目的をもって綴っていったものという意味があります。そこではクリアファイルがそう呼ばれていました。

二〇〇一年四月から導入される総合的な学習の時間での評価に使えるということで注目され始めていたのです。

「なるほど、クリアファイルに評価としてこんな使い方があるのか。面白いな」

そう思った私は、そこで販売されていた本とビデオを全巻注文しました。まさかその本の中の一冊に自分の人生を変えるヒントとなる数行が含まれているとも知らずに……。

ほどなくして本とビデオは送られてきました。「ふむふむ、なるほど、総合的な時間はこのようにして行うのか。ポートフォリオは評価にこう使うのか」と思いながら読み進めていきました。あるページをめくると、そこには、「ポートフォリオの種類」と書いてあり、こんな文章が続いていました。

「パーソナルポートフォリオ……自分のマイナス探しではなく、プラスを見出し、それに関する様々なものを実際に綴じていくポートフォリオは、自分の存在や日々を受け入れ、『自信』を感じる気持ちにさせてくれる素晴らしい効果をもつ。ポートフォリオに入れるものは、何も立派なモノである必要はない。『自分の大切なモノ』を入れればいい。母からの手紙、美しく心に染みた紅葉、熱心に練習して得た算盤二級の小さな賞状……」

読んだ瞬間、左手から全身にビリビリッと電気が走ったような衝撃を感じました。それはまさに「衝撃」でした。身体の中の全細胞が反応しました。

これだ！　これを使えば、私が子どもたちに長年願ってきたこと、「自分の良さを認め、自分に自信をもち、自分のことを大好きになることが形として残せる！」と強

く思いました。

この時のことは、今でも鮮明に覚えています。「楽しいだろうな。子どもたちどんな顔するかな。喜ぶだろうな」その日の夜は、興奮しすぎて眠れないほどでした。当時五年生の担任、二学期も半ばを過ぎていました。

◉宝物ファイルプログラムはこうして誕生した

次の日、私は朝からテンションが高かったです。

「すごーくいいもの見つけたから放課後聞いて！」

なんて同僚に言っていました。放課後の職員室。五年西組担任の私と隣のクラスの女の先生、四年生担任の女の先生二人、合計四人が集まりました。私は、衝撃を受けた本のページを見せて言いました。

「ねっ、ねっ、これいいと思いません？」

「うん、良さそうね」

「そうでしょ。そうでしょ。何もすごいものを入れなくても習字や作文なんかも入れておけるし」

「うん、簡単にできそうね」

「そうなんです。簡単なんです。こんな簡単な方法があったなんてすごくありませんか？」

「そうね、びっくりね」

とても盛り上がったので気づいたら外は真っ暗になっていました。

早く始めたくてうずうずしていた私は、次の日から廊下で三人の先生方に別々に声をかけました。

「一緒にやりませんか？」

答えは三人とも同じでした。

「まず岩堀先生やってみて。良さそうだったら私もやるから」

「えっ……あの盛り上がりは何だったの」と思いましたが、一人でもどうしてもやりたかったので、「一人ぼっちになったのは残念だけど、自分一人でも始めよう」と思いました。

今思えば私が一人で盛り上がっていただけかもしれません。あまりに興奮しているものだから、残りの三人の先生はその私に付き合ってくださっただけなのかもしれません。また、「ただでさえ仕事が忙しいので新しいことを始めると時間が取られる。

ファイルを買って始めるのだからお金もかかる。始めたからには責任があるから途中でやめられない」等、色々と考えての答えだったのだと気づきます。

一人ぼっちになりましたが、どうしてもやってみたくて、すぐにファイルを探し始めました。出入りの業者さんに聞いたら、

「そうですね。A40ポケットのクリアファイルは千四百四十円です」

との返事。「うわぁ、そんな高いものは学級費で集められない。どうしよう」と思ったところに、ちょうどピッタリのタイミングで福井県にも百円ショップが出店してきました。

「百円なら学級費で集められる！」

大喜びで買いにいきました。

実践を始める際、私は、クリアファイルに好きな物を入れていくだけでなく、もっと自分のことを大好きになるために、授業として、導入は目的や夢を書き、次は、自分の長所を書き、次は友達同士いいところを書き合い、というふうに展開していきたいと考え、独自のプログラムを開発しました。当初はそれが独自のプログラムであるとも気づかずに、パーソナルポートフォリオと呼んでいました。

しかし、先生方向けの本を執筆した際に、学陽書房の編集者さんから、こんな質問

を受けました。

「あのう、クリアファイルに物を入れていって評価に使うのはポートフォリオ評価法と呼ばれていますが、岩堀先生が子どもたちと行ってきた授業、つまり、一時間目はこうして、二時間目はこうしてというプログラムは誰が考えたのですか？」

「えっ、それは、私です」

「だとするとこれは、先生が開発した独自のプログラムと言えるのではないですか？」

「えっ、あ、はい……。確かにそういえばそういうことになりますね」

ということで、ちゃんとした名前を付けましょうということになり、

「宝物ファイルプログラム」

という名前が誕生しました。自分も家族や友達も宝物。自分ががんばったことも、楽しかった思い出も宝物。そんな意味を込めました。子どもたち一人一人のクリアファイルは、「宝物ファイル」と呼ぶことにしました。

宝物ファイルプログラムを始めると、驚くことが次々と起きてきました。

◉子どもが親に反抗しなくなった

「先生、ありがとうございました！」

ガラガラッと教室のドアを開けるなり、廊下に立ったままで、Dさんという女の子のお母さんが深々とお礼をされました。保護者会の個人懇談の時のことでした。私は、何をそんなに感謝されているのか身に覚えがありませんでしたので、

「えっ、どうされましたか？」

と言うと、そのお母さんは、中へ入ってきてその理由を話してくださったのです。

「私の娘が、『お母さん、私のいいとこ書いて』と言って便箋を持ってきました。私、即答であの子にこう言ったんです。『あんたのいいとこ？　一個もないわ』って。すると、『わたしのいいとこ一個もないの？』と言って、うちの娘が大泣きしたんです」

宝物ファイルプログラムでは、家族にいいところを書いてもらうという活動があります。その時、私は、子どもたちに便箋を渡しますが、同時に作りかけたばかりの宝物ファイルも手渡して、

「これを持って帰って、うちの人にも見てもらってね」

と伝えてありました。お母さんは、Dさんの持って帰ったものを見てくださったようです。その宝物ファイルには、クラスの友達全員からもらった我が子のいいところを書いた付箋が入っていました。

「うちでは、わがままで気ままで、何でも自分の思うようにならないと気が済まない子だと思っていました。二人のお姉ちゃんと自分を比べてすぐにすねてごねて……。いいとこなんて一個もないと即答できるわ、と。でも、クラスの友達は、『明るい』『元気がいい』『笑顔がいい』『やさしい』など色々と書いてくれていました。それを読んだ時、親としてこれではいけないと思ったのです。それで、家族会議を開きました。夕食が終わったテーブルで、おじいちゃん、おばあちゃん、お父さん、二人のお姉ちゃんと私の六人で、『あの子のいいところはどこだろう……』と話し合い、手分けして書かせていただきました。いい機会を与えていただいて、ありがとうございました！」

「そうですか。そんなことがあったんですか」

私もとてもうれしい気持ちになりました。その後、Dさんが六年生になり、私は持ち上がりで担任をさせていただくことになりました。そして、五月の家庭訪問での宝物ファイルプログラムの話が出た時のことです。

「そういえば‼」

そのお母さんが叫びました。

「そういえば、どうされたんですか？」

「**先生、そういえば、家族があの子のいいところを書いてから、反抗することがピタッとなくなりました！**」

「本当ですか？」

「そうです。以前は、そんなことにこだわらなくてもいいのにって思うことにこだわり、姉たちと自分を比べては私に食ってかかってきたんです。それがピタッとなくなりました！」

「そうなんですか。みんなから認められて、もう自分とお姉ちゃんたちを比べる必要がなくなって気持ちが落ち着いたんでしょうか」

「そうだと思います。ありがとうございました」

とてもうれしい出来事でした。ただ、その時はそんなことが偶然起きてきたのだと思っていました。でも、今なら分かります。家族からいいところを書いてもらったことは、まさにソーシャルサポートだったのです。また、Dさんは、家族のみんなにいいところを書いてもらって認められたことで、家での自分の居場所ができて、所属欲求が満たされたのだと思います。このように家族からの言葉はとても効果があります。宝物ファイルプログラムのいいところは、それが消えてしまわないで、世界に一つだけの自分の宝物ファイルの中にずっと残ることです。

あれから十年後、私の講演会にお母さんが参加され、講演が終了した後に控室に来てこうおっしゃいました。

「先生、今日は、十年前のあの子が小学校時代のことを思い出して、涙が止まりませんでした。おかげさまで、あれ以来あの子はほんとにいい子に育ち、今は高校を卒業して元気に働いています！　本当にありがとうございました」

この話を聞いて私もとてもうれしかったです。

そして、さらに二〇一七年の十二月にもとてもうれしい出来事が起きました。

◉『NHKクローズアップ現代＋』でも話題に

その『NHKクローズアップ現代＋』のテーマは「夫婦げんかが子どもの脳を傷つける」という衝撃的なものでした。前述の友田教授の研究も紹介されていました。その番組の後半に、この問題の解決策として宝物ファイルプログラムが紹介されました。

その時体験者としてＮＨＫのスタッフが取材先に選んだのが、このＤさんのお母さんとＤさんだったのです。お母さんは、

「Ｄ子が小学校の頃は、反抗的だったので私もイライラして夫婦げんかばかりしていました。でも、宝物ファイルの取り組みであの子の良いところを見るようになって以来、反抗することがなくなり、夫婦げんかもしなくなりました」

とおっしゃっていました。

そして、その後、結婚して三歳の女の子のお母さんになったＤさんがカメラの前でこう言ったのです。

「小学校の頃に叱られてばかりいた時は、私も辛かったけど、褒められるようになってうれしかったので、今はこの子に褒める子育てをしています」

ああ、十七年の時を経て、「子どもの良いところを見つけて認めて言葉にする」ことが、こうして世代を超えて次の世代に繋がっていったのだと思うと、涙が溢れてきました。

あきらめずに続けてきてよかったと思えた瞬間でした。

◉自分のことが好きになっていった

二〇一〇年の六月の初旬のこと、現在の勤務校立待小学校に一本の電話がかかってきました。前述の便箋五枚にびっしりと息子のいいところを書いた翔太くんのお母さんからでした。

「あの、以前〇〇小学校でお世話になった〇〇と申しますが……。覚えていらっしゃいますか？」

「もちろんです。覚えてますよ！」

「実は、息子がぜひ岩堀先生と話がしたいと申しているんです。息子の携帯に電話をかけてもらえませんか？」

「ほんとうですか？　喜んでかけます！」

大学生になった翔太くんが私と話をしたいというのです。もう、懐かしさとうれしさで私の心はいっぱいになりました。なおも電話は続きました。

「私の子育ては、何かに追い立てられるように、余裕がありませんでした。息子もいろんなことにこだわって考え方も窮屈でした。でも、**先生に出会い、宝物ファイルプ**

ログラムを始めて自分のことが好きになってから、息子はのびのびしてきました。のびのびついでに今は全国を自転車で旅しています。そして、私自身もあの取り組みからたくさんのことを学ばせていただきました。今にして思えば、親子共々人生の大きな節目を乗り越えさせていただきました。本当にありがとうございました」

「そんなふうに言っていただいて……うれしいです……」

話しながら涙が溢れてきました。実践を始めて十年目にお母さんからこんなうれしい言葉をいただけるとは、思ってもみなかった出来事でした。

その後、この翔太くんのお母さんにお会いして、小学校当時の子育ての話を聞く機会がありました。

「先生、私はあの子を一切認めてこなかったんです」

とお母さんが言いました。

「例えば、九九を覚えたよとあの子が言っても、『えっ、今頃？　それくらいで呼ばないで、お母さん忙しいんだから』と言っていました」

「そうだったのですか」

私は担任した当時の翔太くんを思い出しました。

彼はクラスでもリーダー格でした。担任した当初の四年生の初めの頃、自分の思ったことをどんどん発表し、意見がちがうと納得するまで引き下がりませんでした。それで友達にきつくあたることもありました。反面運動は苦手で体形もやや肥満傾向でしたが、五年生になって野球のスポーツ少年団に入りました。肩が少しずつ強くなってきていました。

◉自分のよいところがどんどん増えていく

自分のいいところを書いた時、私は、翔太くんはたくさん書くだろうと予想していました。でも、実際に彼が書いたのは、

・いつも笑っている
・明るい

の二つだけでした。そして感想に「あまり見つからなかった」と書いていました。

また、友達といいところを書き合った時、「ドッジボールをがんばっている」と隣の女子に書かれて、

「僕はドッジボールうまくないのになんでこんなこと書くんや」

と怒っていました。

「じゃあ先生がみんなに聞いてみるよ。翔太くんがドッジボールうまくなったと思う人」

と私が聞くと、

「ハーイ」

クラス全員の手が挙がりました。翔太くんはその様子を見て目を丸くして驚いていました。あの時は、周りから見ても完全にドッジボールが上手になってきているのになんで気づかないいんだろうと思っていましたが、お母さんの言葉を聞いてわかりました。

母親から認めてもらっていなかったから自分のことも認められなかったのです。そして、友達のことも認められずきつく当たっていたのでした。二十三歳の翔太くんに当時のことを聞くと、

「僕はお山の大将でした。それが原因で仲間はずれにされたりいじめられたりしたこともあったんですよ」

と言っていました。

話を彼の小学時代に戻しますね。友達からの言葉や家族、教師からの言葉で翔太くんは少しずつスポーツに自信を持つようになっていきました。そして、もう一度自分

のいいところを書いた時、さらに次の八個が増えていました。
・ドッジボールがうまい
・野球が少しずつうまくなっている
・よく発表できる
・にぎやか
・背が高い
・みんなと仲がいい
・走るのがだんだん速くなってきている
・なわとびがうまくなってきている

野球のスポーツ少年団に入って体力がついてきたこともあって、マラソンで学年六位に入賞するほどになっていました。友たちと言い争うことも全くなくなり、県のドッジボールの大会にチームを組んで出るほどに仲良くなりました。

「中学校では、文化部に入ろうかと思っていたのですが、クラスのみんなからもらった言葉に励まされて野球部に入りました。高校でも三年間野球一筋でした」

そう話す今の彼は、すらりと背が高くて素敵な若者に成長しています。大学で学んだことを生かして医療の道に進んだ彼。三十歳を超えてパパになった彼を私はこれからも応援し続けます。

◉父親の会社を倒産の危機から救った娘からの手紙

Eさんのお父さんは、二人の息子の下に六年ぶりに生まれた娘、Eさんのことを大変かわいがっていました。参観日には早々と姿を見せ、授業中は我が娘を覗き込むようにしてうれしそうに眺めていらっしゃいました。家族のいいところを書く活動をした時のことです。私はたまたまEさんに聞きました。

「ねえねえ、誰に書いたの？」

「はーい、おじいちゃんと、おばあちゃんと、お母さんでーす」

お父さんの分がありませんでした。

思春期に入りかけた六年生のEさんは父親を遠ざけたい年頃になっていたのです。それを聞いた私は、Eさんのことをいつもかわいがっていらっしゃったお父さんの顔が浮かび、「自分の分だけなかったら、お父さんさびしいだろうな」と思いました。

Eさんに一声かけました。

「お父さんにも書いてあげたら？」

「えーっ……」

「一言、一言でも書いてあげると、お父さん喜ぶと思うなぁ」

と言うと、十〜十五分ほどしてEさんは私の所にやってきました。そして、

「先生、超一言書きました！」

と言ってにこっと笑いました。

私は、その「超一言」がどんな言葉だったのか、読んでいなかったので知りませんでした。

それからしばらく経った保護者会の個人懇談でのこと。Eさんのお母さんが椅子に座るなり、

「先生、あれはどう考えても天からの贈り物でした。本当にありがとうございました！」

と言って、ぼろぼろと涙を流されました。お母さんは、続けてこうおっしゃいました。

「この不況で、父親の自営業の仕事がうまくいかなくなっていました。うまくいかないので悩み始める。悩み始めるので仕事が手に付かない。手に付かないからまたうま

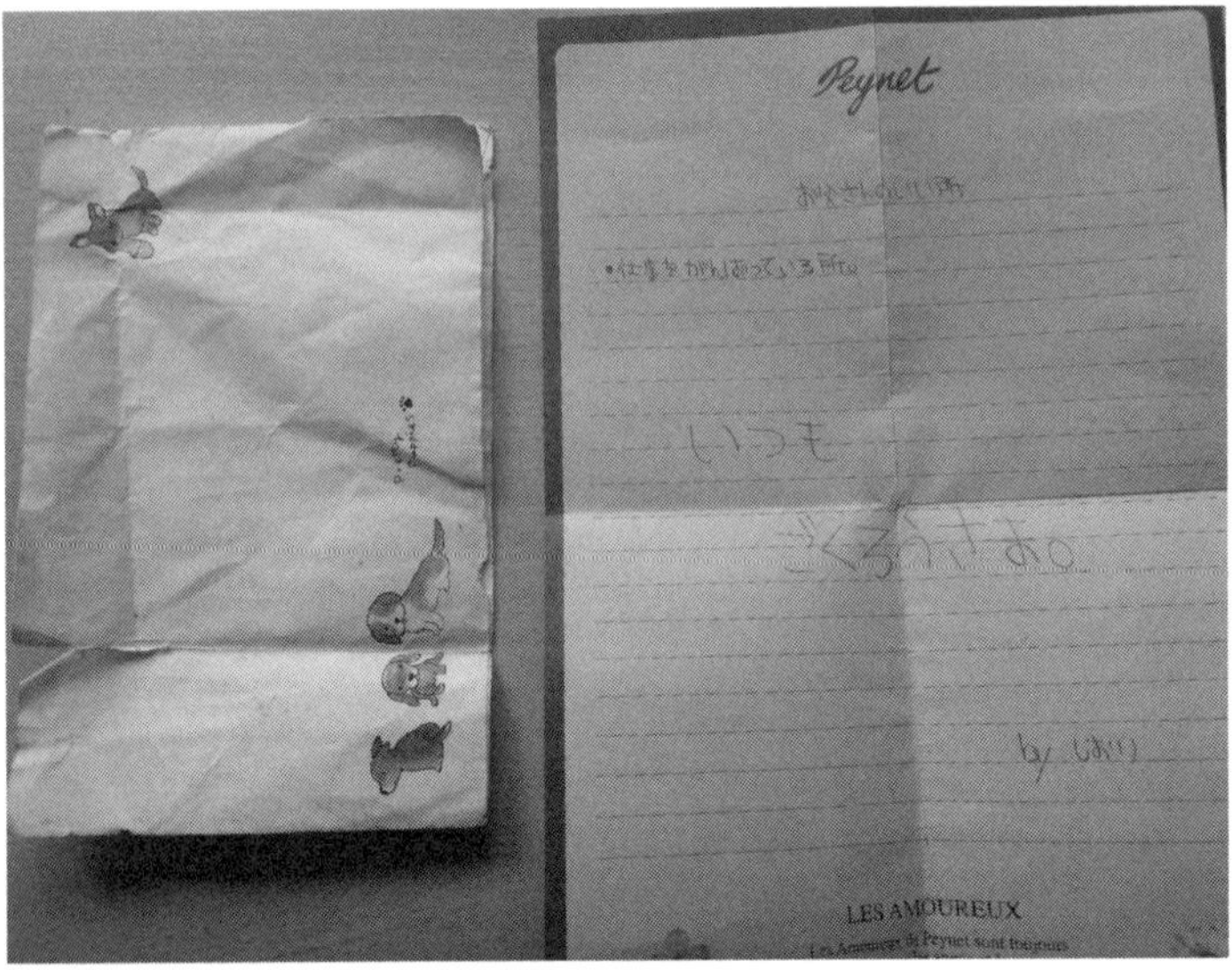

くいかない。とうとう会社をたたもうかどうしようかというぎりぎりのところまできていました。そこに舞い込んできた、最愛の娘が便箋にたった一言だけ書いてくれた言葉が、『お父さんのいいところ。仕事をがんばっているところ』だったのです。父親は、その一行を読んで号泣しました。そして、この娘のためにも今のままではいけない！　と必死で働いて、どうにか会社を立て直しました。本当にありがとうございました」

最愛の娘が便箋に書いた一言が父親の気持ちを奮い立たせ、会社を倒産の危機から救ったのです。聞いていた私も涙、涙でした。

上の写真は、Eさんがお父さんに渡し

た便箋と封筒の実物です。封筒はボロボロになっていましたが、お父さんは今でも手帳に挟んで大事に持っていらっしゃいました。

◉机にも座らなかった子が驚くほどやる気が出た

三年生を担任した時のことです。四月の始業式の日、体育館で顔合わせをした後に、教室に行きました。すると、真ん中の机がぽつんと空いているのです。えっ、今日は全員来ているはずだけど、と思って私は教室の中をきょろきょろと見回しました。すると、窓際の壁にもたれかかるようにして一人の男の子Fくんが床に座り込んでいます。

あらあら、と思い彼を見て私と目が合った瞬間、彼は、

「ううう っ！」

とうなり声を上げて私をにらみました。私は、

「あなたの場所はここじゃないよ。ちゃんと机といすがあるからね。そこに座ろうね」

と言いながら、彼を席に座らせました。そんな出会いでした。

授業中も、教科書もノートも開かない、宿題もほとんどしてこないという状況でした。友達に対して些細なことで腹を立ててはけんかをする。そんな毎日でした。Fくんに対して自分は何ができるのだろうと考えました。悩んでばかりいても始まらないので、まずはできることから始めてみようと思い、放課後の個別指導をすることにしました。同時に宝物ファイルプログラムも始めました。

主に国語の漢字の書き取りと算数の勉強をしました。算数は、一年生の足し算、引き算から始めて、二年生のかけ算の九九も唱えては書き、書いては唱えながら覚えました。

Fくんは、最初の頃は集中力がなかったものの、途中から少しずつ集中して漢字の書き取りができるようになってきました。計算も時間がかかりましたが、正確にできるようになってきました。

二学期になると、

「先生、今度いつ放課後の勉強やるんですか？」

と聞くので、

「水曜日だよ」

と私が答えると、

「やったーっ！」

と言って喜ぶようになりました。放課後の勉強を楽しみにするようになってきました。宿題も、提出するようになりました。そして、二学期途中の算数。ある単元のまとめのテストで、Ｆくんは初めて満点を取ったのです。ポカンとして自分でもびっくりしていました。その後、クラスメイトから、

「Ｆはもしかしてやればできるんじゃないの」

と言われるようになりました。

三学期になると、宿題を忘れることも一切なくなりました。ドリルやプリントの直しも確実に終わらせます。ある日の四時間目の終わりのことです。

「もう給食の時間になったから、このドリルの直しは給食が終わってから先生と一緒にしようね」

そう彼に言って、私は配膳を手伝っていました。そして、ふと自分の机の方を見て驚きました。誰もいない机に向かい、Ｆくんが一人でドリルの直しの続きをしているではありませんか。一所懸命問題に向かう小さな背中。その背中を見ていたら、四月当初、教室の隅でうなっていた彼の様子を思い出しました。「ああ、よくぞここまで成長してくれたなぁ」と思うと、涙が出そうでした。

三月になって、宝物ファイルプログラムの授業として「三年生になって成長したこと」を書きました。Ｆくんは、

「書きました」

と言って私のところに紙を持ってきました。読んでみると、十個ほど書いてあります。上から三番目には、「勉強が好きになったこと」という言葉もありました。それもうれしかったです。でも、私がもっとうれしかったのは、

「自分のことが好きになったこと」

という文を見つけた時です。まさかＦくんがこんなことを書いてくるなんて思いもよらなかったのです。私は、

「自分ができるようになったこと、例えば縄跳びの二重跳びができるようになったこととかを書くといいよ」

という言葉をかけただけです。「自分のことを好きになったかどうかについて書きましょう」とは一言も言っていません。思わず彼に、

「今までは好きじゃなかったの？」

と聞きました。すると、Ｆくんは真っすぐに私の目を見つめて言いました。

「はい。ぼく、嫌いでした」

胸が詰まりました。帰りの車の中で、「小学三年生の子がそんなことを考えていたなんて驚いたな。でも、自分のことを好きになってくれて本当によかった」と思うと、涙があとからあとから流れました。

◉全国の先生方からいただいた子どもたちの感想

宝物ファイルプログラムを実施した全国の先生方からも、うれしい言葉が続々と届いています。次に紹介するのは、
「先生、子どもたちが卒業文集に宝物ファイルプログラムのことを書いてきたんですよ！　自主的に！」
と言って見せていただいたものです。

（以下原文のまま）

タイトル「たからもの」

私は、四年生の時、宝物ファイルというものを松井先生から教えてもらった。松井先生は、「このファイルをこの先仕事などで行きづまった時などに見返して、こんな

ことあったな、そういえば……フフフっと笑えるようなファイルにして一生の宝物にできるように作っていこう」と言っていた。その時、私は、その宝物ファイルが本当に宝物になるのだろうかと思った。

それからは、予定帳に今日見つけた友達のいいところを書くようになった。友達のいいところを見つけると、「この子にはこんな長所があったんだっ。」ってわかるようになった。予定帳に書いたのがたまってきたら、みんなでその良いところを付箋に書き、渡し合うということを繰り返し行ってきた。そのふせんがたまるにつれ、私は自分の長所が分かりいいところが増えていく感じがした。これは、多分みんなも同じだと思う。だから、クラスのきずなも深まった。

五年生、六年生と友達のいいところをたくさん見つけられた。また、四年生とはちがってもっと深い優しさも気づけるようになった。私は、この宝物ファイルがこれからどれだけの人に自信を与えるのだろう、将来、どんな宝物になるのだろうかと期待で胸がいっぱいだ。友達の優しさに気づき、そして気づいてもらうといった大切な事を教えてもらった松井先生に感謝したい。これから先にどんなことが待っているか分からないが、この宝物ファイルを生きる自信としていつまでも残しておきたい、と思った。これからも宝物ファイルを続けてみんなの「良さ」を見つけていきたい。

宝物ファイルプログラムで、友達の長所を見つけていくうちに、深い人間性にも気づけるようになったお子さんの言葉です。人として成長したことがよく伝わってきました。この例は学校での例ですが、家庭でも良いところを見つけることを続けていくとたくさん気づくことがあると思います。

タイトル「自分を変えたもの」

私は、五年生までの自分と、六年生の自分で、大きく変わったことがあります。それは、自分に自信がもてるようになったことです。

なぜ、自分を変えられるようになったのかというと、「宝物ファイル」があったからです。五年生までの自分は、自分に自信がなく、自分の良いところがわかりませんでした。でも、宝物ファイルをやるにつれ、自分の良いところが分かり、自分に自信がつきました。そのおかげで、発表する回数も増え、いつも笑顔でいられるようになりました。私の宝物ファイルは見ると笑顔になり、自信がもてるようになるまほうのファイルです。宝物がたくさんつまっている私のファイルは宝物です。

宝物ファイルプログラムで自分に自信がついたことがよく分かります。宝物ファイルには、自分が残したいもの、入れたいものを自分で選んで入れているので、見ると笑顔になれるのですね。本当に自分の宝物になったと実感してくれていることが私もとてもうれしかったです。

◉講座で涙するお母さん・お父さん

お母さんと一緒に宝物ファイル講座に参加した小学五年生の男の子のお話です。講座の初めに、

「この講座に参加したきっかけは何ですか？」

という質問をします。その時、彼は、

「お母さんが参加しなさいと言ったから」

と答えていました。憮然《ぶぜん》とした表情からは、渋々《しぶしぶ》参加したことが見て取れました。

私は、今日は休日だから他に何かやりたいことがあったのかな。でも、せっかくこの講座に参加したからには楽しんでほしいな、と思いました。

自己紹介をして、簡単なゲームをした後に一日を過ごすグループ分けをします。そ

の時、彼はお母さんとは別々のグループになりました。

自分の夢を書いてグループでシェアした時、

「スポーツ少年団に入って野球をしたい」

と同じグループの人に語っていました。

そのあたりから、少しずつ彼の表情が明るくなってきました。

そして、講座の最後に、家族へのメッセージを書いた時のことです。彼は、お母さんにこんなことを書きました。

「お母さん、今日、ぼくをここに連れてきてくれてありがとう」

その言葉を読んでお母さんが涙ぐまれて、私も泣きました。

また、高校生の息子さんと親子講座に参加したお父さんは、息子さんからの感謝のメッセージを読みながら、

「まさか、息子からこんな言葉をもらえるなんて……」

と言って、感極まって涙していらっしゃいました。

このように、宝物ファイル講座では色々な感動が生まれます。

「日頃は面と向かってなかなか言えない感謝の言葉も、宝物ファイル講座で便箋に書く時には素直な気持ちで書けました」

という言葉もよくいただきます。続けてきてよかったと思える瞬間です。

◉フランスの著名な心理学者も絶賛

宝物ファイルプログラムを始めて、ずっと疑問がありました。それは、
なぜこれほど効果があるの？

ということでした。それで、心理学の本をたくさん読みました。その中で、私が実践してきたことの内容とリンクする本に出会いました。

それは、『自己評価の心理学』（クリストフ・アンドレ、フランソワ・ルロール共著、紀伊國屋書店、二〇〇〇年）です。四百ページ近くあるこの本を読み終えた時、自己肯定感に対する考え方が私と大変似ている！　と思いました。そして、「この著者の方に会いたい！」と思いました。この本の著者はお二人ともフランス人です。この本とその前に出版した本『難しい性格の人との上手な付き合い方』は、ともにフランスでベストセラーになったとのことでした。

そんな有名な方に、しかもフランス人の方に会いたいなんて、突拍子もない考えでした。フランス語もできなければ、フランス人の知人も一人もいません。ですが、

「フランスに行って、著者の方に会いたい！」

という思いは、日に日に強くなっていきました。

うーん、どうしよう……と考えた末、友人の友人にフランス人の男性と結婚した日本人の女性がいることを思い出しました。「とにかく友人に電話して相談してみよう」と思いました。

「フランスの著者に会いに行きたくて、通訳してくれる人を探してるの。以前、フランス人と結婚した女性と知り合ったって言っていなかった？」

「その人なら、今お盆で日本に来てるから連絡取ってみる」

八月十四日のことでした。

次の日の夕方電話がかかってきて、

「明日、十六日の十〜十五時しか空いてないそう」

との答えが聞こえるか聞こえないかのうちに、

「朝一の列車で東京に会いに行きます！」

と答えていました。始発の列車に乗り、東京の渋谷でその女性と会って、これまでの経緯、フランスに行って著者に会い、話をしたり自分の実践を伝えたりしたい旨を伝えました。すると、

「分かりました。協力しましょう」

という返事がありました。

彼女がフランスに帰って実際にアポイントを取ってもらえるのは九月の中旬以降でしたので、そこにめがけて国際宅配便で宝物ファイルを一冊と、私の自己紹介や今まで行ってきた活動の成果などを書いた文書もメールで送りました。

フランスの出版社を通してのコンタクトでしたが、

「ぜひ会ってお話ししましょう」

というメールがきたのです。

冬休みに私が渡仏できる日程と、お会いできる日程を調整していただき、とうとうクリストフ・アンドレ氏に一月三日に会えることになりました。

その日は朝から緊張でドキドキしていました。ホテルから地下鉄に乗り、クリストフ・アンドレ氏のご自宅に向かいました。電車から降りて歩いている時に、今まで出会った方々の顔がフラッシュバックするかのように次々と浮かびました。「自分は一人ではない。みんなが応援してくれている」そんなことを感じました。

実際に話をしてみますと、次第に緊張を忘れ集中して話すことができました。無我夢中で話していました。一時間の予定だった面談が、話が弾んで二時間を超えることとなりました。

通訳の方を交えての面談でしたが、そもそも宝物ファイルは視覚に訴えるものなので、私のこれまでの実践をよく理解してもらうことができました。そして、思いもかけない言葉をいただいたのです。

「あなたのメソッドは大変すばらしい。世の中の本物は全てシンプルだ。しかし、それでいてとても奥が深い。このメソッドはまさにそれです。これまでの十年以上これだけの実績があるのだから、今後の十年間はこれを世に広めるのがあなたの使命です」

胸に響きました。初対面の、しかもどこの馬の骨とも分からない私に、そんな言葉をかけてくださるとは……。感激もひとしおでした。

また、このクリストフ・アンドレ氏以外にも、アンネ・フランク中学校の元校長先生や、現校長先生、元オリンピック選手で今は移民の子どもたちの支援活動をしているミュリエルさん、児童心理学者で精神科のお医者さまでもあるディディエ・プルー氏等、全部で十名の方に個別に会うことができました。

みなさんから、

「これはすばらしい！」

「感動しました。今のフランスにとても必要です」

「今後、私の講演会で紹介したいです」

等、予想以上の言葉をいただいたことは、大変うれしかったです。

宝物ファイルプログラムがフランスでも役に立つのであれば、ぜひ協力したいと今でも思っています。

◉「自分にはよいところがあると思う」と答えた子の割合

大阪大学大学院に入学して分かったことがあります。それは、日本では教育界の考え方と医学界の考え方が違うということです。教育界では、「子どもたちがこう変わりました」というような事例が大切にされます。一方、医学界では、「コントロール群と比べて薬を投与した群はどれだけ数値的な改善が見られたか」というような科学的に分析したデータが大切にされます。

宝物ファイルプログラムは、教育の現場で生まれたプログラムですから、数値として効果を示せるものはまだありません。正確に言いますと、現在科学的に研究し検証した結果を論文にまとめて海外の学術誌に投稿していますので、その内容はまだここではお伝えできないのです。すみません。

唯一、数字らしいものといえば、二〇〇七年に開始された「全国一斉学力調査のアンケート」だけです。

二〇〇七年から文部科学省が小学校六年生と中学校三年生に「全国学力・学習状況調査」を実施しました。私は、その年に六年生を担任していましたので、その年の四月にそのテストを受けました。

小学校は、国語と算数でしたが、その調査には、それ以外に「学習・生活環境のアンケート調査」も含まれていました。その中に、子どもたちの自己肯定感を問う問題があったのです。

「自分にはよいところがあると思いますか？」

という問題です。とてもシンプルな問いですね。

子どもたちはこの問いに対して、

・そう思う
・どちらかといえばそう思う
・どちらかといえばそう思わない
・そう思わない

の四択で答えます。

この、自分にはよいところがあると思うかと聞かれて、そう思うと答えた子の割合、全国平均でどれくらいだと思いますか?

二十九・五%でした。

その時、私の担任していたクラスでは、
六十三・六%

と、二倍以上いました。第一回の調査ですので、どんな質問があるのかは全く知らない状態で臨みました。その結果がとてもよかったことはうれしかったのですが、同時に、全国平均の低さに驚いたことを覚えています。

また、宝物ファイルプログラム研修をさせていただいた大阪の小学校の先生から、こんな電話がかかってきました。

「岩堀先生、今年の六年生は先生に研修に来ていただいた四年生の時から、宝物ファイルプログラムを行ってきたのですが、今年の全国学力・学習状況調査の学習・生活環境アンケートで、驚くことが起きたんです! 自己肯定感を問う質問の結果も良かったのですが、多様性を容認できるかを問う質問で、『そう思う』と『どちらかといえばそう思う』の回答が合わせて百%だったのです。六年生は全部で百人以上もいるのに、ですよ」

「へえーっ、それはすごい！」

「そうなんです。なんと、市の教育委員会から校長先生のところに電話がかかってきたんです。『あなたの学校は何をやったのですか？』って。それでね、校長先生が『宝物ファイルプログラム』ですって答えました！」

とてもうれしい報告でした。全国を回りながらコツコツとまいてきた種がこういう形で芽を出してきていることに、私自身も元気をもらいました。

◉失意のどん底で受けたＮＨＫからの取材依頼

初めての出版は、自費出版でした。二〇〇三年のことです。自費出版といいますと、少しだけ聞こえはよいかもしれませんが、実際は、原稿を送った出版社に全て断られただけなのです。どこも採用していただけなかったので、自費で出版したというのが真相です。で、私はといいますと、本を出したということに舞い上がってしまって、一人で満足していました。

二〇〇四年、そんな私にとても辛い出来事が起きました。七月の福井豪雨で、勤めていた学校の地域が水害で大変なことになりました。ちょうど時を同じくして無二《むに》の親友ががんで亡くなりました。失意のどん底にいました。でも、慟哭《どうこく》の中、「残された者は、自分がいいな、大事だなと思うことを一生かけてでもやり抜こう!」と決意しました。決意はしたものの、次にどうすればよいか悩みました。自分から一般の方のセミナーに参加しだしたのもこの頃からでした。

そして迎えた二〇〇五年の一月。宝物ファイルを広めるための手掛かりを得たいともがいた私に、一つの大きな出来事が起きました。地元NHK福井放送局のディレクターさんから、当時勤めていた学校に番組取材を依頼する電話がかかってきたのです。

「先生のクラスを取材して、北陸スペシャルという二十五分番組にしたいです」

という依頼でした。そして、そのディレクターさんは、

「この北陸スペシャルという番組は、当NHK福井放送局が抱えている番組の中で最も大きな番組です。それで、各ディレクターがそれぞれ自分の企画書を挙げてきます。僕の企画書が通るようにするために、どうかお話を聞かせていただけませんか?」

と言いました。「天と地がひっくり返る」という言葉がありますが、正にそんな感じでした。足ががくがくしました。続けて、

「たとえ今回僕の企画書が通らなかったとしても、僕はいずれ必ず何らかの形で先生

のクラスを取材して、先生のやってらっしゃることを世に伝えたいんです！」と。夢かと思いました。どきどきとうれしさとありがたさが入り混じった状態でした。

早速次の日に近くの喫茶店でディレクターさんに会い、子どもたちの宝物ファイルを見てもらいました。私は聞きました。

「私のことをどこでお知りになったのですか？」

すると、びっくりする答えが返ってきました。

「この正月に故郷の埼玉に帰省した時、埼玉の図書館に勤めている僕の友人から、『福井で仕事しているのだったら、福井の小学校の先生でこんな本を書いた人いるよ』と言って、先生の本を手渡されました。その本を読んでぜひ取材したいと思いました。その本がこれです」

そう言いながら、ディレクターさんの黒い鞄《かばん》の中から出てきたのは、二〇〇三年五月に自費出版し委託《いたく》販売していた私の本、埼玉の図書館のバーコード入りの私の本でした。驚くやらありがたいやら……。自費出版をして委託販売をしていた本が、出版社の販売ルートに乗って埼玉のとある図書館に購入され、ディレクターさんの友人の手に渡り、ディレクターさんの手に渡り……。細い細い糸がこんなにも繋がったのだと思うと、帰りの車の中で涙があふれました。そして、企画書が通って撮影が始まり、二〇〇五年二月「ファイルで見つける自分の長所」北陸スペシャル（二十五分番組）が放送されました。

二〇〇五年の四月になると、子どもたちは六年生になりました。すると、ディレクターさんからこんな依頼がありました。

「六年生になった子どもたちが、先生の実践によってどのように成長していくのか、継続取材させてください。ただし、今回は企画書が通っているわけではないので、番組にはならない可能性が高いです。カメラも、局の貸し出し用のカメラですがよろしいでしょうか？」

局の仕事の合い間をぬって、ディレクターさんは何日間も学校に足を運び、子どもたちの様子を取材していかれました。二〇〇六年三月に、子どもたちが大泣きしながら卒業していった様子も全て撮っていただいた後、その月の終わりにこんな依頼を受けました。

「四月から岩堀先生が何年生を担任したとしても、先生のクラスを一年間取材させてください」

即座に、

「分かりました」

と返事をしました。

「子どもたちと楽しく活動しているところも、うまくいかなくて悩んだり泣いたりしているところも全部撮ってください。それを後から始める人に見てもらって一つでも参考にしていただければ、私はそれで本望です」

と言いました。

四月からは五年生を担任することになりました。PTAの方々の理解を得て本格的な取材が始まりました。途中で、ディレクターさんが予定よりも一年早く東京の本部に転勤することが決まったので、一学期分をまとめたものを放送することになりました。八月に放送された『「自分大好き　友達大好き　～服間小五年生の宝物～」福井夏季特集（三十分番組）』は、大きな反響を呼びました。

「子どもたちの実践の様子、成長の様子が生き生きと描き出されていて、とても感動しました」

との感想をいただいています。

失意のどん底にいた時に、NHKからの取材があったことは、とてもありがたいことでした。また、その時の保護者の皆さんに取材に快く賛成していただいたことに、今も心から感謝しています。

◉いじめや自殺を減らすために

少しでも宝物ファイルプログラムを広めたいと思って、二〇一二年には、「ドリームプランプレゼンテーション世界大会」に応募しました。これは、大人が夢を語って子どもたちを元気にするというコンセプトで開かれている大会です。八月に茨木の水戸で初合宿がありました。秋田、宮城、福島、千葉、東京、神奈川、富山、大阪、高知などなど、全国各地から選ばれた二十名が集結しました。私たちプレゼンターをサポートしてくださるドリームメンターさんとスタッフ合わせて四十名以上。そこでは、思い切り自分の夢を語れました。誰もが真剣に耳を貸してくださり、前向きな意見を言ってくださいました。「世界平和」などと言うと、引かれてしまうのではないかと思っていたのですが、全くそのようなことはありませんでした。どのようにして夢を達成していくのか、真剣に考え語り合いました。

プレゼンター二十名の結束もすばらしかったです。予選会を経て八名のみが決勝に残るわけですが、自分以外の人の夢も皆が応援していました。

原稿は何度も修正を加え（百回以上）、使用する写真も約一万枚の中から選び抜きました。合宿をしてから大会まで百日間の睡眠時間は三〜五時間くらいでした。平日は普通に仕事をしていたので、病気にならなかったのが不思議なくらいでした。少しでもいいプレゼンを作って自分の気持ちを伝えたいと思っていました。おかげさまで予選を突破して本選出場者八名の中に選ばれました。本選は、十二月に、東京ドームシティホール（約二千名収容）で行われました。発表が終わった後大勢の方が私のブースに来てくださって、「感動しました！」「応援してます！」と言ってくださいました。本当にうれしい言葉でした。大勢の人に支えられてきたことに感謝の念でいっぱいでした。と同時に、このドリームプランプレゼンテーション世界大会に出場したことでこれからの自分の夢が明確になったのです。

その中の一つに、「国連でスピーチする」という夢を入れました。

すると、二〇一五年には、国連と地元の丹南ケーブルテレビとの共同制作番組に宝物ファイルの取り組みが紹介されました。さらに、二〇二〇年度は、福井県鯖江《さばえ》市と国連とのＳＤＧｓ（女性活躍推進事業）の共同事業として実施させていただきました。「世界で、女性の活躍を最も阻んでいるものが、インポスター症候群なのです。その解決に、宝物ファイルプログラムが有効であると思います。ぜひ協力をお願いします」

と、鯖江市の市長がおっしゃったことがきっかけでした。

インポスター症候群とは、自分の成功や能力を認められない状態です。何かで成功しても、「これはたまたまだ」とか、「自分の実力ではなくて、運が良かっただけだ」とか思い、自分が周りの人を欺《あざむ》いていると感じてしまうことです。インポスターという言葉は、英語で「詐欺師《さぎし》」や「偽者」という意味があります。その名前に由来しています。

このような人々は、自分に対する評価がとても低く、否定的な考え方をする傾向にあります。

宝物ファイルプログラムが、インポスター症候群の方のお役に立てて、女性活躍を推進することに繋がれば大変うれしいです。

子どもたちから教えてもらいました。
どの子にも必ず良いところがある
ということを。

column

カンボジアでも宝物ファイルプログラム！

二〇一九年の九月から、一年間カンボジアの小学校で、一年生の担任をしました。日本の公益財団法人シーセフから依頼があったためです。思い切って依頼を受けた理由はいくつかありますが、そのうちの一つが、

「カンボジアでも宝物ファイルプログラムを広めたい」

ということでした。

九月に赴任して、十月から子どもたちと一緒に始めました。子どもたちは大喜びでした。ひらがなのプリントや算数のプリント、好きな食べ物を描いた絵などを自分の宝物ファイルに入れていました。将来の夢は、学校の先生、画家、サッカー選手など色々でした。

学校長のたっての頼みで、職員全員にも講座を行いました。カンボジアは縦社会で、学校では先生の、会社では上司（boss）の言うことは絶対です。自分がおかしいと思ってもそれを我慢してしまう文化がありました。

講座は和やかに進みました。笑顔もたくさん見られました。終わってから、

「今日はとても楽しかったです」

「みんなのことがよく分かって、さらに仲良くなれました」

「自分が話している時にみんなが真剣に聞いてくれたことがとてもうれしかったです」

「自分に少し自信がもてるようになりました。このファイルは私の宝物です」

という声を聞くことができました。カンボジアの大人の人にも宝物ファイルプログラムが通用することが分かりました。記念すべき世界への第一歩でした。

第四章

宝物ファイルプログラムを実行しましょう

◉親子で宝物ファイルを作ろう

さあ、この章ではいよいよ親子での宝物ファイルプログラムのご紹介です。親子でワクワクと楽しんでくださいね。

準備物……あると楽しいグッズあれこれを紹介します！

☆クリアファイル

ポケットの数は三十～四十くらいがいいでしょう。

表紙は模様が入っているものよりも、透明なものがおすすめです。それは、表紙を作って一つ目のポケットに入れた時に、見えやすいからです。オリジナルの表紙が出来上がると楽しくてテンションも上がりますよ。

☆お気に入りの自分が写っている写真

いつのものでも構いません。一人で写っているものでも他の人と一緒に写っている

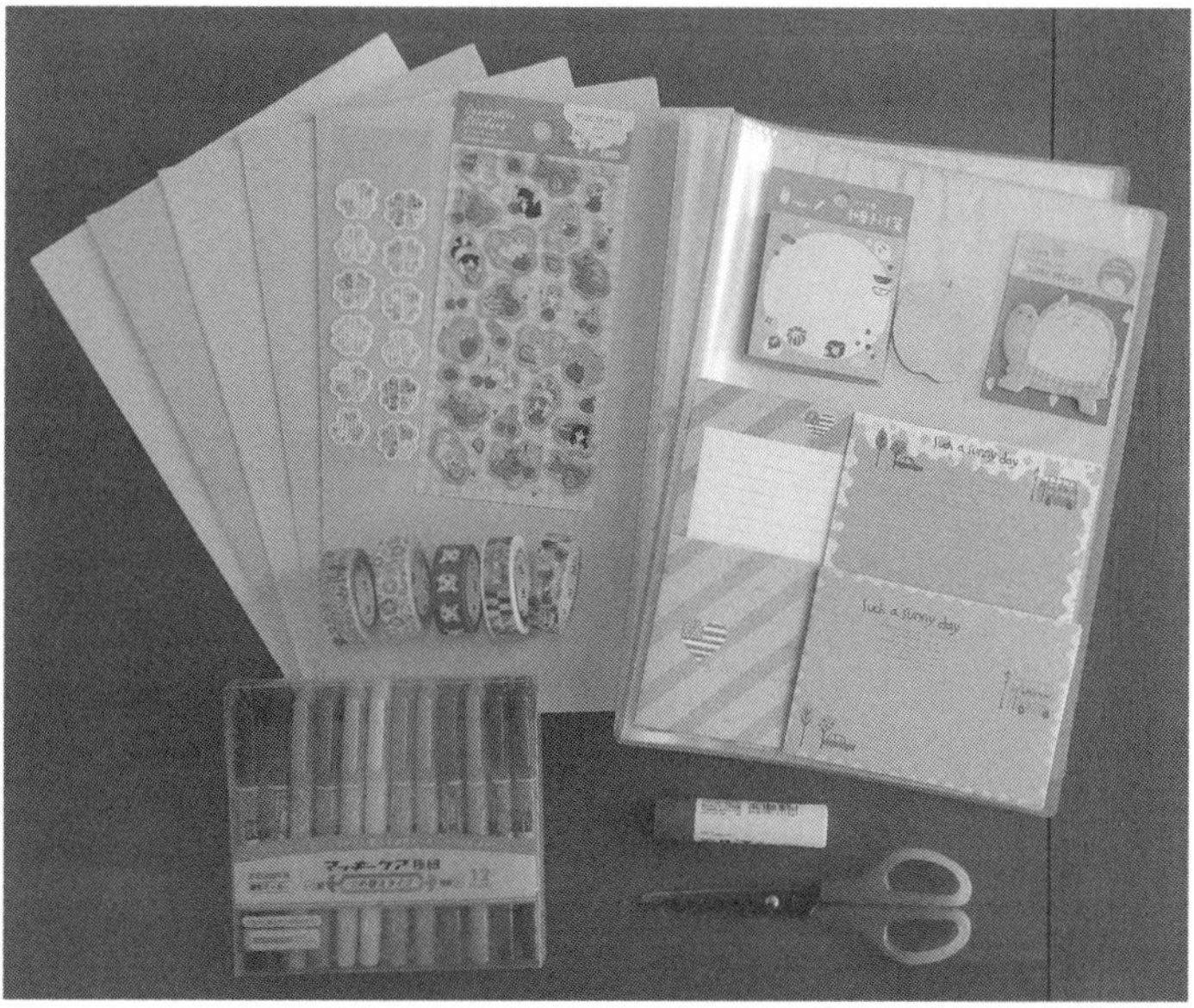

カラフルなペンやシールを用意しましょう

ものでもいいです。
もしも写真が苦手ですという方は、なくても構いませんのでご心配なく。

☆色上質紙（カラーコピー用紙）
白のコピー用紙だけでもよいのですが、カラーの物を使用すると、カラフルで楽しい雰囲気になります。

文房具屋さんや百円ショップにレモン色、水色、黄緑色、ピンク、オレンジなど、色々な種類のものがあります。

☆カラーペン　色鉛筆　クレヨン

☆マスキングテープ
最近は、とても可愛いものが増えました。百円ショップにも売っていますし、文房具屋さんにもあります。キャラクター物から和紙風のものまで、種類も豊富です。幅も四センチくらいの太いものから五ミリくらいの細いものまでさまざまです。イラストが苦手という方の強い味方になります。

☆シール

これまたたくさんの種類が売られています。お子さんと一緒に買いにいくのも楽しいですね。最近は、修正テープのようにして使うシールも見たことがあります。シールもまたマスキングテープと同様にイラストが苦手ですという方のお助けグッズの一つです。

☆付箋

四角のものだけでなく、ハート形、星形、リンゴ形、吹き出し形など、色々な形、色々な色のものがあります。

☆便箋・封筒

ポップなもの、キャラクター物、和紙で作ったものなど、色々あります。縦書きのものでも横書きのものでもお好きなものを使ってくださいね。

☆のり

☆はさみ

準備物が揃ったら、いよいよセッションに入ります。これから、コピー用紙に色々書いてファイルに入れていきますが、表紙以外は、紙のどこかに書いた日の日にちを入れるようにしましょう。これは、あとで振り返った時に、いつ書いたものかすぐに分かるようにするためです。

宝物ファイルプログラムは、書きたいことだけ書けばいいので、「こうしなければならない」ということは一切ありません。

自由な発想を大事にしてくださいね。

では、ここからセッションが始まります。楽しんでください。

◉Session1　目的を書く

宝物ファイルプログラムに参加して宝物ファイルを作る目的を忘れないように書き留めておきます。

このページは、ファイルの最初のポケットの裏側（表紙の裏側）に入れましょう。

日付を書いた後に書く言葉は次の二つです。縦書きでも横書きでも構いません。

使うものは、マジックでも、ボールペンでもいいです。和風にしたい方は、小筆でもいいでしょう。自分の好きな筆記用具を使って書いてくださいね。

☆自分のことを大好きになろう

☆家族や友達のことも大好きになろう

この二つの文章を書いたら、あとは、空いているところにシールを貼ったり、イラストを描いたりします。マスキングテープも好きなところに貼って構いません。

◉Session2　写真を貼って、夢や願い、自分が叶えたい目標などを書く

まず、好きな色の上質紙を一枚取って、日にちを書きます。用紙に写真を貼ります。この時、のりを使ってもいいですし、マスキングテープで貼ってもいいです。マスキングテープで貼る場合は、四つの隅を貼ったり、ぐるっと額縁のように貼ったりする方法があります。写真がない、あるいは写真が嫌いなイラストも描きたくない場合は、

イラストなしでも構いません。

次に、写真を上に貼った場合はその下に、真ん中に貼った場合はその周りに、自分の目標、叶えたいこと、願い、欲しいものなどをどんどん書きましょう。筆記用具は自分の好きなものを使いましょう。

例えば、

（子ども）

・走るのが速くなりたい
・算数をがんばりたい
・ピアノがうまくなりたい
・サッカーがうまくなりたい
・ゲーム機がほしい

（大人）

・車を買いたい
・家族が健康でいられますように
・マイホームがほしい

・英語を話せるようになりたい
・自由な時間がほしい
などなど、思うままに自由に書きましょう。

可愛い付箋に書いてもいいですし、コピー用紙に直接書いてもいいですよ。

◉Session3　自分のいいところを書く

好きな色の用紙とペンを使います。まず、○年、○月、○日と日付を書いて、「自分のいいところ」と見出しを書いて書き始めましょう。

何個書いてもいいです。

例えば、

（子ども）
・元気がいい
・走るのが速い
・計算が速い
・字がきれい

・歌がうまい
・声が大きい
・明るい
・通販に詳しい
・どんなところでもすぐに寝ることができる
などなど、こんなことぐらいと思わずに、どんどん書きましょう。そして、お子さんが書いていることは、

「何？　こんなところがいいところ？」

「本当？」

などとは言わずに、

「なるほど」とか「そうね～」と言って認めてあげましょう。

反対にもしもお子さんが、

「何もない」

と言っても、心配しないでください。

「それは、ないのじゃなくて、あるけど自分ではまだ見つからないだけよ。見つかっ

（大人）

たら書いてね」

と伝えましょう。

「そんなことないでしょ。何かあるはず」

と言って無理に書かせてもそれはお子さんにとっては書かされているだけですので、効果はあまり期待できません。

この後は、自分が入れたいもの、残したいものを何でも宝物ファイルに入れていきましょう。

◉Session4　家族でいいところを書き合う

次は、親子でお互いのいいところを書き合います。

これは、便箋を使いましょう。好きな便箋に、いいところを書きます。

「書いていたら感謝のメッセージになっちゃいました」

というお声もよく聞かれますが、それで構いません。この機会に、日ごろ言えなかった気持ちを伝えるのもいいですね。

また、お子さんへのメッセージをおじいさんやおばあさんに書いてもらうこともいいですね。お子さんたちはとても喜ぶと思いますよ。

◉Session5　もう一度自分のいいところを書く

家族からいいところを書いたメッセージをもらった後、二か月後くらいに、もう一度自分のいいところについて書きます。その時は、前回の続きに日付を書いて書き足してもよいですし、新しい用紙に書いてもいいでしょう。その時は、家族からのメッセージをはじめ、宝物ファイルに入れてきたものをもう一度見直してみましょう。すると、今まで気づかなかった自分の良いところに気がつくことができます。

◉Session6　成長したところを書く

年度の節目の三月には、自分の成長したところを書きましょう。用紙を一枚取って日にちを書き、「成長したところ」という見出しを書いて、書き始めましょう。その際は、自分の宝物ファイルをじっくりと見返してみましょう。これも、人と比べるのではなく、Session2で書いた目標と照らし合わせたり、自分自身に問いかけたりして、以前よりも成長したところを書きます。

子どもたちの場合は、比較的見つけやすいと思います。

・足が速くなった

・好き嫌いがなくなった

・計算が速くなった

・字がきれいに書けるようになった

などです。低学年の場合は、

・泣かなくなった

・お母さんの言うことを聞くようになった

なども見られました。

大人の場合は、子どもたちよりも難しいかもしれません。昔はもっと素早く動けたのになぁ……、とか、記憶力も良かったのになぁ……、などと、振り返って少し寂しい気持ちになってしまうからかもしれません。

そんな時でもあきらめずに、注意深く探してみてください。すると、

・子どもの言うことに耳を傾ける時間がもてるようになった

・腹を立てる回数が少し減った
・料理のレパートリーが増えた
などということが見つかると思います。それをしっかりと書いておきましょう。

子どもが何よりうれしいのは
お母さんの笑顔です。

column

自分の声が嫌いでした

私は、今でこそ自分で歌詞を書いて自分で歌っていますが、ずっと自分の声が嫌いでした。なぜ嫌いだったかといいますと、声が人よりも低くて鼻にかかっているからです。

中学や高校時代の合唱の時は当然アルトの担当でした。パート練習をすると、ソプラノの子たちはとてもきれいな音です。主旋律を歌うことが多いので花形です。一方アルトはといいますと、地味な音域でした。高い音が出る子がうらやましく歌は大好きなのに自分の声は嫌いという状態でした。ですので、最初の自費制作CDは、歌詞を書いてボーカルは女性のシンガーさんに頼んで歌ってもらっていました。

そんな私に、ひょんなことからこの曲を作詞したあなたの歌が聴きたい、クリスマスコンサートで歌ってほしいという人が現れたのです。お世話になっている方でしたので断り切れませんでした。二〇〇七年四月のことでした。

「クリスマスコンサートまではまだ八か月あるから、それまで少しでもマシになった歌声を聴いてもらおう」そう思った私は、ボイストレーニングに通うことにしました。

初めてのレッスンの日、先生のピアノに合わせて、

「ド・ミ・ソ・ミ・ド♪」の音程を「あ」で発声する練習をしました。すると、先生が、

「いい声ですねぇ」

と言ってくださいました。

「ありがとうございます。でも、私は自分の声が嫌いなんです」

「何言ってるんですか！　こんないい声してるのに！」

「えっ……」

「本当にいい声ですよ。自信もってください」

びっくりしました。自分が嫌いだと思っている声をこんなふうに言ってくださるとは。

以来、ボイストレーニングを続けて十五年目になります。いつも温かく褒めてくださるので、私も自分の声を認められるようになりました。先生にはとても感謝しています。

第五章

日々の暮らしの中で自己肯定感を高める五つのポイント

◉その一　子どもの話をよーく聞く

日々の暮らしの中で自己肯定感を高める（下げない）ためにまず大切なのは、子どもの話をよく聴くことです。

忘れられない新採用時代の話です。

それは、遠足の時の出来事でした。今は、校外学習という名前になっている学校もあります。あなたのお子さんの学校はどうでしょうか？

遠足の日って、子どもたちはとても楽しみにしているんですよ。おやつに何を買ったとか、おにぎりは何個にするとか、教室で子どもたち同士よくしゃべっているものです。

楽しみにしていた遠足の日。その日は、バスに乗って子どもたちと福井県の芝政ワールドという所に行きました。その名の通り、見渡す限り芝生《しばふ》が一面に広がっている、広い広い場所。芝が続く場所から少し下りると海があり、砂浜が何百メートルと続いている。そんなステキな所でした。

お弁当の時間が過ぎて、午後の遊びの時間も終わり、帰りの集合の時間となりました。

ピィーーーッ‼

と笛を吹き、

「さあ、後始末をして二列に並びましょう！」

と私が言うと、子どもたちは、自分の敷物を片づけたり周りのごみを拾ったりして、リュックをかついで集まってきて並びました。その時です。

あれ？　一人足りない⁉

えっ、どこに行ったの⁉

Gさんがまだ来ていません。芝生の所を見渡してもGさんの姿は見えません。

えっ、どこにいるの？　今度は、砂浜の方を見渡しました。すると、百五十メートルくらい遠くから、こちらに向かって走ってくる子の姿が見えました。

あの走り方はGさんにちがいありません。少しずつ近づいてくるGさん。

「おーい、集合だよーっ、早くおいでよーっ！」

Gさんはさらに一所懸命走ってきます。

走って、走って……。

息せき切って一目散に私のところに走ってきたGさん。私は、

「こら、集合時間は守りなさい」
と叱ろうとしました。すると、それより前に、Gさんは、息を弾ませながら、
「先生、これ、あげる‼」
と言って、固く握りしめていた右手をぱっと開きました。
そこには、ピンク色をした可愛い貝殻が一つ。
「先生に、
あげようと思って。
きれいな、
貝殻を、
あげようと思って。
それで、
探してたら、
遅くなってしまって」
息をはあはあさせながら話すGさん。
「ありがとう……」
叱れませんでした。泣きそうでした。集合に遅れてしまったことは良いこととは言

えません。でも、Gさんは、私にくれるための貝殻を探してくれていたのです。きれいな貝殻が見つかるまで。

遠足はグループ行動が基本なのですが、最初はちょっとだけと思ったのでしょう。でも、砂浜は砂が多くて貝殻はそれほどたくさんは落ちていなくて。だから知らず知らずのうちに少しだけ離れてしまって……。

私は、理由も聞かずに頭から叱ろうとしていた自分が恥ずかしかった。もう少しでGさんの優しい気持ちを踏みにじってしまうところでした。

以来、子どもたちが何か良くないことをしてしまった時は、まず最初にその理由を聴くことを心掛けてきました。

子どもって、いろんなことをやっちゃいます。良くないことはちゃんと叱ることはとても大切です。あなたのお子さんも叱られるようなことをしてしまったかもしれません。ですが、その前にぜひその行動を起こしたわけを聞いてあげてほしいのです。

最初は、百回のうち一回からでもいい。お子さんの声に耳を傾けてあげてください。そこに、お子さんの優しい気持ちが隠れているかもしれない。私はそう思うのです。

あの時のEさんの小さな可愛い手と顔は、今でもはっきりと覚えています。そのほおは、貝殻と同じ、優しい優しいピンク色でした。

◉その二　完璧なお母さんにならなくてもいい

子どもができたと分かった時、そして生まれた時。とてもうれしくて、育児がんばろうとかいいお母さんになろうとか思いました。

でも、現実は、毎日の育児や家事に追われて、疲れ果て、イライラしてつい子どもに当たってしまいました。そして、ダメな自分を責める。その結果、自己肯定感も下がってしまう。そんなことを繰り返していました。そうそう、私もという方もいらっしゃるかもしれません。また、反抗期に入った子どもと口げんかになったこともあります。

息子が中学二年生の秋頃だったでしょうか。そろそろ中間テストの頃なのに勉強している気配がないなと思い、

「そろそろ中間テストじゃないの？」

と聞くと、不機嫌そうに、

「もう始まってる」

との返事。

はあ?!

さすがに頭に来て、

「そんなことでどうするの！　ちゃんと勉強しなさい！」

と叱りました。すると、

「成績が下がって困るのは僕なんだから、お母さんは放っておいてや！」

その返事にさらに頭に来て、

「親だから放っておけないんや！　そんなことも分からんの！」

と大きい声で強く言いました。

息子は、何も言わず自分の部屋に入ってパタンとドアを閉めました。

その後、かっかしていた頭が冷えてきますと、

「しまった、言い過ぎた」

と思いました。それで、しばらくしてから、息子の部屋のドアをトントンとノックして、

「さっきは言い過ぎたわ。ごめん。もう勉強のことはあなたに任せて何も言わないことにするわ。その代わり、困ったことが起きた時はいつでも相談に乗るから」

と言いました。心配だけど、息子を信じるしかないと思いました。

その後は、言い争いもなくなり、反抗期も終え、今では会社員になった息子。会社のことも色々と相談できる頼れる大人になりました。

ということで、考え方はとてもシンプル。

言い過ぎて、「しまった」と思ったら

↓

謝る

これだけです。人間ですから、しまったと思うことは多々あります。神様のように全てが完璧な人はいません。問題は、その後どうするかなのですね。気がついたら謝りましょう。あなたのお子さんはきっと許してくれますよ。

なぜそんなことを言いきれるの？　と思いますよね。

それにはこんな経験があるのです。

子どもには、色々な力があることを担任した子どもたちから教えてもらいました。例えば、「感動する力」「その子の気持ちになって考える優しさ」「まずやってみる力」などなどです。

そして、その中で、私が一番すごいと思い、

「これはもう、本当に子どもたちにはかなわないな」

と思った力があります。

それは、「許す力」です。

大人の場合、めったなことでけんかはしませんが、もしけんかするとなかなか自分から素直に仲直りができません。意地を張っちゃったりしてね。つまりこれは、心の中でずっと、相手を「許す」ことができないのです。

でも、子どもはといいますと……。

こんなことがありました。

お互いをたたき合う大げんかをしました。小学三年生の男の子二人。けんかを止めさせてもそのうちの一人が、

「絶対ゆるさん、絶対ゆるさん！」

と言って、悔し泣きしながら足でドンドンと床を蹴っていました。

なんとかなだめて二人に話を聞くと、その蹴っていたHくんにもう一人のＩくんが暴言を吐いたことがきっかけでけんかになったとのこと。

Ｉくんは謝りたいと言っています。

「Ｉくんは謝りたいと言っているけど、どうする？」

と聞きました。すると、彼は、

「絶対ゆるさん、絶対ゆるさん」

を繰り返しました。私は、

「いやなことを言われて、辛かったし、腹も立ったね。それでも、Ｉくんは自分が悪かったから謝りたいって言っているから聞いてあげてね。でも、今、許せなかったら無理に許さなくてもいいからね」

と言いました。

Ｉくんが、

「ごめんなさい」

と言いました。

すると、それまであれほど許さないと悔し泣きするほど怒っていたＨくんが、

「いいよ」

と言ったのです。

表情はまだ憮然《ぶぜん》としていました。低い声でした。でも、確かに彼は言いました。

「いいよ」

って。

私はただただ感心しました。あれほど怒っていたのに許すことができる子どもの心ってなんてすばらしいのでしょう。

このような経験は、一度や二度ではありません。何度もあるのです。ですので、あなたのお子さんもきっと許してくれますよ。

◉その三　子どもを認めて褒める

子どもを褒めることについては、このことだけでも一冊の本が書けるくらい奥が深いことです。褒めることが良いと言う人もいれば、褒めることは良くないと言う人もいます。私は、褒めることはその在り方を認めること肯定することだと思います。褒められた方は自己肯定感が高まります。心が落ち着き温かくなり、エネルギーが湧いてきます。そして、本来持っている向上心がどんどん芽生えてくるのです。自分を認めてくれた人への信頼も高まります。ですので、褒めることには賛成です。

私の友人にデザイン関係の会社を興した人がいます。彼は、

「僕の原点は小学校の時に担任の先生から『あなたは絵が上手ね』と褒めてもらったこと。あの言葉のおかげで今の僕がある」

と言っていました。担任の先生の一言が、彼の人生に大きな影響を及ぼした例です。

子どもの良いところを見るようにしようと心掛けていると、たくさんの良いところが見えてくると思います。その時、他の子と比べた結果を認めるのではなく、目標に向かって努力している姿や自分の記録を更新したことを認めていると、一人一人が驚くほど成長します。

なわとび大会の練習の時、子どもたちは、毎回、カードに自分の跳んだ回数を書いて提出していました。私は、その子がクラスの何位になったかを見るのではなく、どれだけ一所懸命練習していたか、自分の記録をどれだけ伸ばしたかに注目していました。

「一所懸命練習したから、跳び方が速くなってきたね」

「すごい！　今日は、自分の記録よりも二十回も多く跳べたね。よくがんばりました」

という具合にコメントを書いていました。そうするうちに、子どもたち全員の記録がどんどん伸びていったのです。

では、次のような場合はどうするとよいでしょうか？

「子どもの良いところを見つけましょう」と書きました。しかし、中には褒めても素直に喜ばない子もいます。褒められることに慣れていないのでしょうね。

中学生の英語の授業を参観した時のことでした。目の前にちょっとやんちゃそうな男の子が座っていました。黒板の英文をノートに書いていました。その文字がとてもきれいに書けていたので、

「きれいに書けてるね」

と声をかけると、

「そんなことないっすよ」

と言うのです。そこで、私は、思わずそんな時にいつも使っているフレーズを言っちゃいました。

「そう？　先生はそう思ったから」

すると、彼は、

「あざーす（ありがとうございます）」

と私の方を向いてぺこりとおじぎしたのです。

また、こんなこともありました。

あいさつが元気よくできるJくん。小学三年生の男の子です。担任した当時は、褒めても素直に喜びませんでした。

「あいさつの声が大きくて気持ちいいねぇ」

と私が言っても、

「そんなの普通ですよ」

と言って、にこりともしません。

「いや、普通じゃないよ。ステキなあいさつだと先生は思うよ」

と言いました。

なぜ、彼がそんな反応をするのか、家庭訪問をして分かりました。

彼は長男で、彼の下に弟が二人いました。お母さんがお話をしてくださったのですが、話をしている間中、膝の上は弟たちが占領していました。

小学三年生といえば、まだまだ母親に甘えたい年頃です。でも、彼が甘えられるお母さんの膝はありませんでした。それどころか、

「もうお兄ちゃんなんだから、もう少ししっかりしてほしいと思うんですけどね」とお母さん。家では、お兄ちゃんの役割を期待されて、あまり褒めてもらっていないことが想像できました。

その後も私は、

「今のあいさつよかったねぇ」

と言って、彼が、

「そんなことないですよ」

とか、

「別に普通ですよ」

と言う度に、

「普通じゃないよ。先生はいいと思うよ」

と言い続けてきました。

すると、だんだん彼の態度が変わってきました。にこっと笑うようになり、

「ありがとうございます！」

と言うようになってきたのです。そうなると他のクラスの先生方からも、

「Jくんこの頃笑顔が増えましたね」

という言葉をいただくようになりました。とてもうれしいことでした。

もしも、あなたがお子さんを褒めた時に、

「そんなことないよ」

と言われたら、その時は、

「お母さんはそう思うから」

と言ってあげてください。一度で響かない時は、何度でもそう言って心の扉をノックし続けてください。きっと響く日がきますよ。


褒めることよりもさらに大切なことがあります。それは、お子さんの存在を丸ごと受け入れて肯定することです。第一章にも書きましたが、

「お母さんの子どもに生まれてきてくれてありがとう」

という言葉です。他にも、

「あなたがいてくれるだけでうれしいの」

「いつも大好きだよ」

「どんな時でも応援してるからね」

などの言葉もどんどん使いましょう。

勉強ができるからとかスポーツができるからとかの条件付きではなく、無条件の愛情をお子さんに注いであげてくださいね。自分の存在自体を肯定されるということは、自己肯定感を決定する要因のソーシャルサポートの究極の形だと思います。将来、そ

の言葉がお子さんの自己肯定感を支え続けるでしょう。そうなれば、お子さんの成長を見守るあなたも幸せになります。つまりは、自分を救うことにもなるのです。

◉その四　叱る時は叱る

「子どもは褒めて育てましょう」ということは、かなり浸透してきたように思います。しかし、よく聞かれるのは、

「じゃあ、叱らなくてもよいのですか？」

ということです。これに関しては色々な意見がありますが、私は、叱ることも必要だと思います。なぜかというと、子どもはまだまだ精神的に未熟な部分があるので、いけないことをした時は、ちゃんと叱って教えることが大切だと思うからです。

私を含めて、親は大概の場合子どもより先に死にます。人として生きる上で大事なことはちゃんと伝えておけば、親がいなくなった時にあなたのお子さんが困ることはありません。

ここで大事なのは叱り方です。ポイントは二つ。

一　叱る理由を伝える

二　良い点もちゃんと伝える

この二つを実行したら、かなり効果がありました。

小学校三年生の男の子Kくんを担任した時の話です。四月当初の彼は、毎日友達とけんかしていました。小さなことで怒って暴言を吐いたり、友達の机や椅子を蹴ったりします。私が、注意すると、

「先生は、僕ばっかりに怒る」

と言いました。

「うん、良くないことをした時は怒るよ。だって先生はKくんのこと大好きだから」

彼はえっという顔をしました。続けて、

「だってね、このまま友達のいやなことを言ったり机や椅子を蹴ったりしていると、友達がみんないなくなるよ。誰もKくんとは遊びたくないって。友達がいなくなると寂しいよね。先生は、Kくんにそんな。友達のいない寂しい子になってほしくないの。だから、良くないことをした時は怒ります。もちろん、このクラスの子誰一人もそんな人にはなってほしくないから、他の子が良くないことをした時も怒ります」

彼はじっと聞いていました。

「それから、Kくんにはいいところがたくさんあることも先生は知ってるよ。この間

体育の時間にリレーをした時、同じチームの子を一所懸命応援してたよね。大きな声で応援してあげてたから、みんなやる気が出たと思うよ。そんないいところがあるんだから、こんなことするのは良くないよ。いいところがいっぱいある自分を大事にしてね」

と私が言い終えると、彼は、

「はい」

と答えました。その後、だんだんけんかは減っていき、友達を励ますことがますます増えてきて、仲良くできるようになりました。

後日、彼の元担任の先生が、私のクラスで一年半ぶりに授業をした時、職員室に帰ってきて目をまん丸にしてこう言ってくれました。

「岩堀先生、いったいKくんにどんな魔法をかけたんですか？　先生が担任してからどんな指導をしてきたか、ビデオに撮って最初から全部見たいです！」

うれしい言葉でしたが、私は特別なことをしたわけではありません。

前述のように、「なぜ叱るのか、あなたにはどんな良いところがあるのか」を彼に伝えて、悪いことをした時は叱り、良いところを見つけた時はその場ですぐに褒めることを繰り返しただけなのです。

あなたのお子さんを叱る時にも、「大好きだから、ちゃんと育ってほしいから、皆に愛される人になってほしいから叱るのよ」と伝えてあげてください。そして、その際、良いところも一緒に伝えてあげてくださいね。

◉その五　言葉の力を上手に使う

言葉には力があります。日本には、「言霊《ことだま》」という言葉があるくらいですからね。

人は言葉一つでハッピーになったり落ち込んでしまったりします。

落ち込む言葉は、アルファベットにするとDが付く言葉に多いです。

例えば、

「だめな子ね」

「だから言ったじゃない」

「誰に似たのかしら」

「どうしていつもそうなの」

「どうしようもない子ね」

これらは、全て否定する言葉です。こんな言葉を毎日言われていたら、とても悲しいです。自己肯定感が下がってしまうこともよく分かりますよね。

では、否定ではなくて肯定する言葉にはどんなものがあるでしょう。

私は、覚えやすくするために、

「さしすせそにありがとう」

とお伝えしています。

さ　さすが
し　幸せよ　信じてるよ　上手ね
す　すごい　すばらしい　すてき
せ　世界一
そ　そうだね　その通り
に　にっこり笑顔
あ　ありがとう

「さしすせそ」は言葉の最初につく文字ですが、「に」はにっこり笑顔を指します。

「ありがとう」は、そのまま感謝の言葉です。

これらの言葉を少しずつでもよいので取り入れてみましょう。最初は一つからでかまいません。たかが言葉一つ、されど言葉一つです。楽しい子育て、楽しい人生が待っていますよ。

最後になりますが、先のコラムでも述べた通り、私は自分で歌詞を書いて、自分で歌っています。その中で、第一章に書いたあるお母さんの言葉、「翔太がお母さんの子どもであったことが一番いいところです」という言葉に感動してできた曲がります。

福井から大阪へ向かう特急列車サンダーバードの中で歌詞が浮かんできました。書き始めたら涙が止まらなくなって、泣きながら書きました。今思うと、周りの人は、どうしてこの人泣いているんだろうと不思議だったと思います。

ありがとう

作詞　岩堀　美雪
作曲　くまひげ

一

小さな命　宿った時は
母さん　父さん　大喜びだったよ
生まれた時は　ただうれしくて
毎日寝顔を眺めていたよ
あなたの笑顔　あなたの泣き顔
握り返した小さな手
歩き始めた小さな足

あれからどれだけ過ぎただろう
あっと言う間の今日でした

ただまっすぐに　まっすぐに
ただしあわせに　しあわせにと

生まれてくれてありがとう
かあさんの子どもでありがとう

しあわせ　その手で　つかんでね
愛しい　あなたの　今よ　輝け

二

入学式の　ランドセル
あなたの背中で　大きかったよ

運動会で　転んだ時は
泣きながらゴールまで走ってきたね

うるさいだけの
親だったかもしれない

十分なことは何一つ
できなかったかもしれない

それでもこんなに大きくなった
とってもやさしい人に育った

ただまっすぐに　まっすぐに
ただしあわせに　しあわせにと

生まれてくれてありがとう
かあさんの子どもでありがとう

しあわせ　その手で　つかんでね
愛しい　あなたの　今よ　輝け

ただまっすぐに　まっすぐに
ただしあわせに　しあわせにと

生まれてくれてありがとう
かあさんの子どもでありがとう

しあわせ　その手で　つかんでね
愛しい　あなたの　今よ　輝け

まずは元気で

心豊かに
人を愛して
愛される人に

本書をお読みくださった方へ　動画特典プレゼント
特典①ありがとうＭｕｓｉｃ　Ｖｉｄｅｏ
特典②ありがとう楽曲制作エピソード

http://treasure-file.com/secret-p1/
パスワード「２５２５」
▲アクセスはこちら

おわりに

世界中が新型コロナウイルスの影響を受けています。

日本も例外ではありません。このような中、ただでさえ大変な毎日を送っているお母さんたちの負担がさらに大きくなっています。

そんなお母さんのために、
少しでも育児に役立ててほしい。

少しでも楽しい子育てをしてほしい。

本書は、そんな思いを込めて書きました。ですので、私自身の子育ての経験から、教師としての経験、さらには大学院で学んだこと等をあますことなく頁の許す限り書きました。

子育ては本当に大変ですが、何にも代えられないくらい幸せで楽しい時間でもあります。

キーワードは、

「自己肯定感」

です。

私事になりますが、私は、自分のことが大嫌いでした。大きな身体に大きな手足。全部大嫌いでした。高校三年生から大学時代が一番自己否定のひどい時期でした。人からどう思われるかが気になりました。無意識のうちに良く思われたいと、相手の意見に同調ばかりしていました。自分の意見を言うことはありませんでした。自分の気持ちは殺して相手に合わせることだけを考えていました。

自分なんてどこにもいなくても構いませんでした。

自分で自分を追い込んで、お前なんてこの世から消えてしまえばいいんだと思ったこともありました。

でも、そんな人生は楽しくありませんでした。

自分のままでもいいのではないか？　と思えるようになってから、長い長い年月をかけて少しずつ少しずつ自分のことが好きになってきました。

外見は同じでも中身が変わったことで、全くの別人のように感じています。

今では、こんな私だからこそ伝えられることがあると思えるようになりました。この本は、カンボジアに赴任中に書き始めましたが、毎日暑くて体力的にもきつい日々の中で書き続けられたのは、「日本でもがんばっているお母さん方がいる。その方たちに本書を届けたい！　心の負担が少しでも軽くなってほしい！」と願っていたからです。

出版にあたりましては、編集担当の小森俊司さんをはじめとして致知出版社の皆様には大変お世話になりました。心から感謝いたします。

最後になりますが、人生は一度きり。それならば、楽しい子育てをして、あなたもあなたのお子さんも輝く幸せな人生を送りましょう！

私はずっと、ずっと応援しています。

令和三年六月

岩堀美雪

参考文献

NPO法人児童虐待防止全国ネットワークホームページ

『子どもの脳を傷つける親たち』　友田明美　NHK出版新書

『自己評価の心理学』　クリストフ・アンドレ、フランソワ・ルロール共著　紀伊國屋書店2000年

『自己評価メソッド』　クリストフ・アンドレ　紀伊國屋書店

『ポートフォリオで評価革命！』　鈴木敏恵　学事出版

Harter S（1999）The construction of the self. A developmental perspective. New York: Guilford Press

Harter S, Bukowski WM（2012）The construction of the self: developmental and sociocultural foundations（second edition）. New York, NY: Guilford Publications

Mann MM, Hosman CM, Schaalma HP, De Vries NK（2004）Self-esteem in a broad-spectrum approach for mental health promotion. Health Educ Res 19（4）:357–372

Button EJ, Sonuga-Barke EJS, Davies J, Thompson M（1996）A prospective study of self-esteem in the prediction of eating problems in adolescent schoolgirls: questionnaire findings. Br J Clin Psychol 35 (2) :193–203

Cervera S, Lahortiga F, Martínez-González MA, Gual P, Irala-Estévez J, Alonso Y (2003) Neuroticism and low self-esteem as risk factors for incident eating disorders in a prospective cohort study. Int J Eat Disord 33 (3) :271–280

Orth U, Robins RW, Trzesniewski KH, Maes J, Schmitt M (2009) Low self-esteem is a risk factor for depressive symptoms from young adulthood to old age. J Abnorm Psychol 118 (3) :472–478

Sowislo JF, Orth U (2013) Does low self-esteem predict depression and anxiety? A meta-analysis of longitudinal studies. Psychol Bull 139 (1) :213–240

Rosenberg, M. (1965) . Society and the adolescent self-image.

Princeton, NJ: Princeton University Press.

Salmivalli C, Kaukiainen A, Kaistaniemi L, Lagerspetz KMJ（1999）Self-evaluated self-esteem, peer-evaluated self-esteem, and defensive egotism as predictors of adolescents, participation in bullying situations. Pers Soc Psychol Bull 25（10）:1268–1278

Trzesniewski KH, Donnellan MB, Moffitt TE, Robins RW, Poulton R, Caspi A（2006）Low self-esteem during adolescence predicts poor health, criminal behavior, and limited economic prospects during adulthood. Dev Psychol 42（2）:381–390

Thomaes, S., Bushman, B.J., Stegge, H., & Olthof, T.（2008）. Trumping shame by blasts of noise: narcissism, self-esteem, shame, and aggression in young adolescents. Child Development, 79, 6, 1792-1801.

「令和元年度　児童生徒の問題行動・不登校等生徒指導上の諸問題に関する調査結果について」文部科学省ホームページ

〈著者紹介〉

岩堀美雪（いわほり　みゆき）

昭和35年福井県生まれ。福井大学教育学部卒業。31年間の小学校教師生活を経て、現在、株式会社子どもの笑顔代表取締役。大阪大学大学院連合小児発達学研究科後期博士課程在学中。元福井大学子どものこころ発達研究センター特別研究員。

平成12年、担任をしていた福井県の小学校で、後に「宝物ファイルプログラム」と呼ばれることになるメソッドを考案、実践してみたところ、「けんかばかりしていた子が友達と仲良くなった」「親に反抗していた子が反抗しなくなった」など、シンプルな手法でありながら驚くような効果が見られるように。

以後、宝物ファイルプログラムは20年以上に及ぶ実践と改良を重ね、「自己肯定感を高めるプログラム」として、近年では教育現場だけでなく企業や家庭にも広がっている。平成29年にはNHK『クローズアップ現代+』にも取り上げられた。講演・講座への参加者はこれまで7万名以上にのぼる。著書に『なぜあなたの力は眠ったままなのか』（致知出版社）など。

岩堀美雪のお母さん教室

令和三年七月十五日第一刷発行

著　者　岩堀　美雪
発行者　藤尾　秀昭
発行所　致知出版社
〒150-0001東京都渋谷区神宮前四の二十四の九
TEL（〇三）三七九六―二一一一
印刷・製本　中央精版印刷
落丁・乱丁はお取替え致します。　（検印廃止）

ISBN978-4-8009-1253-4 C0095
ホームページ　https://www.chichi.co.jp
Eメール　books@chichi.co.jp